Gruppentherapie für arbeitslose Jugendliche und junge Erwachsene

Agnes von Wyl · Filomena Sabatella
(Hrsg.)

Gruppentherapie für arbeitslose Jugendliche und junge Erwachsene

Psychische Belastungen im Fokus einer peerorientierten Intervention in der Arbeitsintegration

Hrsg.
Agnes von Wyl
Psychologisches Institut
ZHAW Zürcher Hochschule für Angewandte Wissenschaften
Zürich, Schweiz

Filomena Sabatella
Psychologisches Institut
ZHAW Zürcher Hochschule für Angewandte Wissenschaften
Zürich, Schweiz

ISBN 978-3-662-70149-2   ISBN 978-3-662-70150-8 (eBook)
https://doi.org/10.1007/978-3-662-70150-8

Die Deutsche Nationalbibliothek verzeichnet diese Publikation in der Deutschen Nationalbibliografie; detaillierte bibliografische Daten sind im Internet über https://portal.dnb.de abrufbar.

© Der/die Herausgeber bzw. der/die Autor(en), exklusiv lizenziert an Springer-Verlag GmbH, DE, ein Teil von Springer Nature 2024

Das Werk einschließlich aller seiner Teile ist urheberrechtlich geschützt. Jede Verwertung, die nicht ausdrücklich vom Urheberrechtsgesetz zugelassen ist, bedarf der vorherigen Zustimmung des Verlags. Das gilt insbesondere für Vervielfältigungen, Bearbeitungen, Übersetzungen, Mikroverfilmungen und die Einspeicherung und Verarbeitung in elektronischen Systemen.
Die Wiedergabe von allgemein beschreibenden Bezeichnungen, Marken, Unternehmensnamen etc. in diesem Werk bedeutet nicht, dass diese frei durch jede Person benutzt werden dürfen. Die Berechtigung zur Benutzung unterliegt, auch ohne gesonderten Hinweis hierzu, den Regeln des Markenrechts. Die Rechte des/der jeweiligen Zeicheninhaber*in sind zu beachten.
Der Verlag, die Autor*innen und die Herausgeber*innen gehen davon aus, dass die Angaben und Informationen in diesem Werk zum Zeitpunkt der Veröffentlichung vollständig und korrekt sind. Weder der Verlag noch die Autor*innen oder die Herausgeber*innen übernehmen, ausdrücklich oder implizit, Gewähr für den Inhalt des Werkes, etwaige Fehler oder Äußerungen. Der Verlag bleibt im Hinblick auf geografische Zuordnungen und Gebietsbezeichnungen in veröffentlichten Karten und Institutionsadressen neutral.

Planung/Lektorat: Wiebke Wuerdemann
Springer ist ein Imprint der eingetragenen Gesellschaft Springer-Verlag GmbH, DE und ist ein Teil von Springer Nature.
Die Anschrift der Gesellschaft ist: Heidelberger Platz 3, 14197 Berlin, Germany

Wenn Sie dieses Produkt entsorgen, geben Sie das Papier bitte zum Recycling.

Vorwort

Für arbeitslose Jugendliche und junge Erwachsene gibt es in der Schweiz neben den Arbeitsintegrationsprogrammen vor allem auch Motivationssemester, in denen sie darin unterstützt werden, einen Ausbildungsplatz, eine weiterführende Schule oder auch eine Arbeitsstelle zu finden. Diese Programme sind darauf ausgerichtet, die Motivation und beruflichen Fähigkeiten der Teilnehmenden zu stärken, um ihre Chancen auf dem Arbeitsmarkt zu verbessern. Genannte Programme umfassen arbeitspraktische und bildungsbezogene Themen sowie Module, in denen die Bewerbungskompetenz gefördert und eine Erweiterung ihrer beruflichen Kenntnisse und Fähigkeiten angestrebt wird. Dazu gehören etwa Workshops zur Stärkung der Soft Skills wie Kommunikation und Teamarbeit sowie berufsbezogene Weiterbildungen, Unterstützung bei der Erstellung von Bewerbungsunterlagen, Üben von Vorstellungsgesprächen und Praktika in Unternehmen. Das Hauptziel besteht darin, ihre beruflichen Interessen zu identifizieren, zu fördern und sie auf eine erfolgreiche berufliche Zukunft vorzubereiten.

Aus früheren Untersuchungen wissen wir, dass arbeitslose Jugendliche und junge Erwachsene psychisch stärker belastet sind als ihre arbeitenden Peers oder solche in Ausbildung. Ob die psychische Belastung durch die Arbeitslosigkeit entsteht oder die Arbeitsfindung durch die psychische Belastung erschwert wird, kann nicht immer abschliessend geklärt werden, ändert aber am Leidensdruck der Betroffenen wenig. Dass viele dieser Jugendlichen und jungen Erwachsenen an psychischen Belastungen und Störungen leiden, darauf weisen auch Mitarbeitende der Motivationssemester und Arbeitsintegrationsprogramme hin. Allerdings sind diese Fachpersonen in der Regel nicht darin ausgebildet, Teilnehmende mit psychischen Störungen und Krisen zu begleiten – und es ist auch nicht ihre Aufgabe. So lag es nahe, an dieser Schnittstelle anzusetzen und ein niederschwelliges Psychotherapiekonzept in diesen Programmen zu implementieren. Darauf, welche Hürden es dabei zu überwinden gab und gibt, wird ebenfalls in diesem Buch näher eingegangen.

In der öffentlichen Verwaltung werden die drei Bereiche Arbeit, Bildung und Gesundheit strikt voneinander getrennt verwaltet und entsprechend in unterschiedlichen Ämtern und Abteilungen organisiert. Diese strikte Trennung führt jedoch dazu, dass Kommunikation zwischen Ausbildung bzw. Beruf und Gesundheitsversorgung, geschweige denn eine bereichsübergreifende Kooperation, kaum je existiert. Konkret kann das beispielsweise heissen, dass ein Jugendlicher in einer psychiatrischen Klinik selten in seiner beruflichen Situation unterstützt wird, oder dass eine Jugendliche, die mit psychischen Schwierigkeiten am Arbeitsplatz auffällt, in diesem Umfeld nicht adäquat unterstützt werden kann.

Um diese unbefriedigende Situation zu ändern, sind insbesondere in der Berufswelt und in der Arbeitsintegration niederschwellige Präventions- und Behandlungsangebote entscheidend. Was bedeutet nun Niederschwelligkeit konkret? Im Kontext dieses Buches – der Arbeitsintegration – bedeutet dies, dass Jugendliche und junge Erwachsene effektiven Zugang zu Unterstützung und Ressourcen erhalten sollten, unabhängig davon, ob es sich um schulische Probleme, berufliche Herausforderungen oder psychische Belastungen handelt. Vor diesem Hintergrund haben wir zuerst das Angebot «inklusiv» und darauf aufbauend das Angebot «inklusiv plus» entwickelt, das Jugendliche und junge Erwachsene in Arbeitsintegrationsprogrammen mit Gruppentherapie und Einzelgesprächen unterstützt. Wir wissen, dass sich Jugendliche und junge Erwachsene bei psychischen Problemen selten Hilfe von Fachpersonen holen. Entsprechend sollten gerade bei jungen Menschen dort Angebote entstehen, wo sich diese Zielgruppe aufhält. Mit einem Angebot vor Ort bauen wir nicht nur die physische Hürde ab, irgendwo hingehen zu müssen. Wir sind ausserdem überzeugt, dass es Jugendlichen und jungen Erwachsenen auch hilft, direkt und modellhaft zu erleben, dass sich auch ihre Peers Hilfe holen, und zwar Peers, die sie evtl. schon kennen. Ein solch integrativer und leicht zugänglicher Ansatz kann helfen, die Auswirkungen von Problemen frühzeitig zu erkennen und angemessene Unterstützung bereitzustellen.

Unser Forschungsziel war es, für diese Zielgruppe ein Angebot zu erarbeiten und zu evaluieren, das sie bei der Integration in den Arbeitsmarkt unterstützt, indem auch ihre psychische Gesundheit bei der Begleitung mitberücksichtigt wird. Gleichzeitig sollten mit dem Projekt «inklusiv plus» auch die Fachpersonen vor Ort entlastet werden, die mit dieser Zielgruppe arbeiten und im Umgang mit psychisch kranken Jugendlichen und jungen Erwachsenen herausgefordert sind. Wie die Ausgangslage, das therapeutische Konzept, die Umsetzung, aber auch die Herausforderungen bei der Implementierung aussahen, wird in den darauffolgenden Kapiteln detailliert erläutert.

Das vorliegende Buch soll die Wichtigkeit der psychischen Gesundheit von Jugendlichen und jungen Erwachsenen aus einer umfassenden Perspektive beleuchten. Es soll Möglichkeiten aufzeigen, wie Interventionen auch an der Schnittstelle zwischen den Bereichen Arbeit und Gesundheit stattfinden können. Es soll Bildungseinrichtungen, Arbeitgebende und Gesundheitseinrichtungen dazu ermutigen, zusammenzuarbeiten und integrative Programme zu entwickeln, die die psychische Gesundheit von Jugendlichen und jungen Erwachsenen stärken und ihre persönliche Entwicklung fördern. Die Anregungen in diesem Buch bauen auf angewandten Forschungsprojekten und damit auf einem reichen Erfahrungsschatz auf. Sie können als Leitfaden dienen, um einen positiven Wandel in der Art und Weise herbeizuführen, wie wir Jugendliche und junge Erwachsene in Bezug auf ihre psychische Gesundheit gewinnbringend unterstützen und begleiten können.

Die Herausgeberinnen
Agnes von Wyl
Filomena Sabatella

Danksagung

Wir bedanken uns bei allen Autorinnen und Autoren, die wichtige Beiträge zu diesem Buch geleistet haben. Weiter gilt unser Dank den beteiligten Motivationssemestern und Arbeitsintegrationprogrammen und Jugendlichen und jungen Erwachsenen, ohne die die Umsetzung dieses Projekts nicht möglich gewesen wäre. Ein spezieller Dank gebührt Aurel Beck für die therapeutische Leitung und den Therapeutinnen Sibylle Würgler, Tabea Hauf, Sophie Schneider, Cécile Bürdel, Peggy Kübler und Céline Vuille. Bei Ran Wehrli möchten wir uns für die engagierte Arbeit im Projekt bedanken, bei Samuel Stierli für die wertvolle Unterstützung bei der Realisation dieses Buches und bei Sophie Schneider für die kritische Durchsicht der Texte. Nicht zuletzt gilt unser Dank schliesslich den beiden Förderstiftungen, der Gebert Rüf Stiftung und der Schweizerischen Agentur für Innovationsförderung «Innosuisse», die die Projekte «inklusiv» und «inklusiv plus» grosszügig gefördert haben.

Zürich
im Januar 2024

Agnes von Wyl
Filomena Sabatella

Inhaltsverzeichnis

1 Entwicklungspsychologische Grundlagen des Jugend- und jungen Erwachsenenalters 1
Maria Teresa Diez Grieser
1.1 Einleitende Bemerkungen 1
1.2 Entwicklungsaufgaben des Jugend- und des jungen Erwachsenenalters 2
1.3 Biologische Veränderungen 5
1.4 Unterschiede zwischen den Geschlechtern 5
1.5 Bindungen, Mentalisieren und Ablösungsprozesse 6
1.6 Identitätsentwicklung in der Adoleszenz und im jungen Erwachsenenalter 9
1.7 Adoleszenz und junges Erwachsenenalter als kritische Phase 11
1.8 Abschliessende Bemerkungen 13
Literatur 14

2 Ausgangslage: Der Übergang zwischen Schule und Arbeit für psychisch belastete junge Menschen 17
Filomena Sabatella, Sabine Loos, Agnes von Wyl und Ran Wehrli
2.1 Von der Schulbank in den Arbeitsmarkt 18
2.2 Psychische Störungen junger Menschen und ihre Folgen 21
2.3 Versorgungssituation junger Menschen mit psychischen Störungen 24
2.4 Berentungen 25
2.5 «Überforderung» der Motivationssemester: Eine Bedarfsanalyse ... 26
Literatur 29

3	**Therapiekonzept «inklusiv plus»**	33
	Agnes von Wyl, Filomena Sabatella und Sabrina Hösli-Leu	
	3.1 Psychotherapie für Jugendliche und junge Erwachsene	33
	3.2 Gruppentherapie im nicht-klinischen Setting der Arbeitsintegration	35
	3.3 Umsetzung des therapeutischen Angebotes	40
	3.4 Abschliessende Bemerkungen	42
	Literatur	43
4	**Praktische Umsetzung**	45
	Ran Wehrli, Filomena Sabatella und Agnes von Wyl	
	4.1 Ziele von «inklusiv» und «inklusiv plus»	45
	4.2 Umsetzungspartner	46
	4.3 Rekrutierung und Datenerhebungsprozess	47
	4.4 Fragebogen und Messinstrumente	47
	4.5 Psychologisch-psychotherapeutische Interventionsformen und weitere Angebote	53
	4.6 Pilotstudie «inklusiv»	54
	4.7 Ergebnisse der Hauptstudie «inklusiv plus»	57
	4.8 Diskussion	61
	Literatur	65
5	**Institutionelle Perspektive auf inklusiv plus: Nutzen und Herausforderungen**	69
	Filomena Sabatella, Agnes von Wyl und Rahel Hubacher	
	5.1 Methodik	71
	5.2 Ergebnisse	71
	5.3 Ausblick und Zusammenfassung der Erkenntnisse aus «inklusiv plus»	77
	Literatur	79

6 Erfahrungen eines Psychotherapeuten: Worauf muss in der Arbeit mit komplex belasteten jungen Menschen geachtet werden? 81
Aurel Beck
- 6.1 Ein innovativer Ansatz 81
- 6.2 Erfahrungen mit dem «nicht-klinischen Setting» oder: Voraussetzungen für die gruppentherapeutische Arbeit 82
- 6.3 «Komplex belastete Jugendliche und junge Erwachsene»: Anmerkungen zum Klientel in den Brückenangeboten 84
- 6.4 Anmerkungen zum Gruppensetting 90
- 6.5 Praxisbeispiele 93
- 6.6 Anmerkungen zum Leiten einer Gruppe mit komplex belasteten Jugendlichen und jungen Erwachsenen 96
- 6.7 Schlussbemerkungen: Zeugenschaft und Respekt 99
- Literatur 100

Herausgeber- und Autorenverzeichnis

Über die Herausgeber

Prof. Dr. Agnes von Wyl ist Professorin für Klinische Psychologie und Leiterin des Zentrums Klinische Psychologie und Gesundheitspsychologie an der ZHAW Zürcher Hochschule für Angewandte Wissenschaften. Sie ist eidgenössisch anerkannte psychoanalytische Psychotherapeutin in eigener Praxis in Zürich. In Lehre und Forschung liegen ihre Schwerpunkte in den Bereichen der Psychotherapieforschung, Säuglings- und Kleinkindforschung sowie Adoleszenz und Emerging Adulthood.

Dr. Filomena Sabatella ist Kinder- und Jugendpsychotherapeutin und co-leitet die Fachgruppe Klinische Psychologie im Kindes. und Jugendalter an der ZHAW Zürcher Hochschule für Angewandte Wissenschaften. In Ihrer Forschung setzt sie sich mit Übergängen in der Berufsbildung und mit Interventionsprogrammen für psychisch belastete Jugendliche auseinander und verfügt hier über langjährige Erfahrung.

Autorenverzeichnis

Lic. phil. Aurel Beck Praxisgemeinschaft Stauffacher, Zürich, Schweiz

Dr. phil. Maria Teresa Diez Grieser Zürich, Schweiz

Rahel Hubacher MSc. Departement für Darstellende Künste und Film, Zürcher Hochschule der Künste ZhdK, Zürich, Schweiz

Sabrina Hösli-Leu MSc. Psychologisches Institut, ZHAW Zürcher Hochschule für Angewandte Wissenschaften, Zürich, Schweiz

Prof. Dr. Sabine Loos Hochschule Macromedia, Stuttgart, Deutschland; Fakultät Kultur, Medien, Psychologie, Leipzig, Deutschland

Dr. Filomena Sabatella Psychologisches Institut, ZHAW Zürcher Hochschule für Angewandte Wissenschaften, Zürich, Schweiz

Prof. Dr. Agnes von Wyl Psychologisches Institut, ZHAW Zürcher Hochschule für Angewandte Wissenschaften, Zürich, Schweiz

Ran Wehrli MSc. Psychologisches Institut, ZHAW Zürcher Hochschule für Angewandte Wissenschaften, Zürich, Schweiz

Entwicklungspsychologische Grundlagen des Jugend- und jungen Erwachsenenalters

Maria Teresa Diez Grieser

Inhaltsverzeichnis

1.1	Einleitende Bemerkungen	1
1.2	Entwicklungsaufgaben des Jugend- und des jungen Erwachsenenalters	2
1.3	Biologische Veränderungen	5
1.4	Unterschiede zwischen den Geschlechtern	5
1.5	Bindungen, Mentalisieren und Ablösungsprozesse	6
1.6	Identitätsentwicklung in der Adoleszenz und im jungen Erwachsenenalter	9
1.7	Adoleszenz und junges Erwachsenenalter als kritische Phase	11
1.8	Abschliessende Bemerkungen	13
Literatur		14

1.1 Einleitende Bemerkungen

Die Entwicklung über die Lebensspanne, die phasenspezifischen Entwicklungsaufgaben und die Lebenslaufkonstellationen waren schon früh zentrale Themen der Entwicklungspsychologie. Insbesondere Erikson (1973) hatte mit seinem achtstufigen Modell der psychosozialen Entwicklung ein differenziertes und im Wesentlichen heute noch gültiges Konzept vorgelegt. Die gesellschaftlichen Veränderungen der letzten Jahrzehnte haben allerdings dazu geführt, dass zentrale Überlegungen und Annahmen dieses Modells überarbeitet werden müssen. Die früher auftretende Pubertät hat die Kindheitsphase verkürzt, während das Jugendalter sich dadurch und durch die in unserer Gesellschaft verlängerte

M. T. D. Grieser (✉)
Zürich, Schweiz
E-Mail: mtdiez@bluewin.ch

© Der/die Autor(en), exklusiv lizenziert an Springer-Verlag GmbH, DE, ein Teil von Springer Nature 2024
A. von Wyl und F. Sabatella (Hrsg.), *Gruppentherapie für arbeitslose Jugendliche und junge Erwachsene*, https://doi.org/10.1007/978-3-662-70150-8_1

Schul- und Berufsausbildungszeit zeitlich deutlich ausgeweitet hat. Deshalb ist eine neue Entwicklungsphase in den Fokus getreten, welche junge Menschen beschreibt, die nicht mehr als Jugendliche, aber auch noch nicht als Erwachsene gelten können. Es sind dies junge Erwachsene im Alter zwischen 18 und 25 Jahren. Blos (1983) hatte diese Zeit als postadoleszente Phase bezeichnet. Aktuell wird die Dauer dieser Phase in Bezug auf einzelne Aspekte bis zum Alter von 30 Jahren ausgedehnt.

Diese Gruppe der Jugendlichen und jungen Erwachsenen wächst in einer Gesellschaft auf, die immer weniger Orientierung und Halt zu geben vermag, was die Auseinandersetzung mit den Entwicklungsaufgaben wie der Unabhängigkeit von den Eltern, festen Beziehungen und Elternschaft komplexer zu machen scheint und deren Bearbeitung bis weit ins dritte Lebensjahrzehnt verlagert. Bei einer erheblichen Zahl der Jugendlichen und jungen Erwachsenen kommt es zu krisenhaften Zuspitzungen, die ihre psychische Gesundheit und ihre Integration in die Gesellschaft vorübergehend oder bis ins Erwachsenenalter beeinträchtigen können. Vor diesem Hintergrund sind präventive Angebote, die möglichst viele Jugendliche und junge Erwachsene erreichen und sie nah an ihrer Lebenswelt unterstützen, für diese Entwicklungsphase als besonders wichtig einzustufen.

Die Resilienzforschung der letzten Jahrzehnte hat nachgewiesen, dass der mächtigste Einflussfaktor zur Entwicklung der Fähigkeit, krisenhafte Zuspitzungen und Belastungen im Leben zu meistern, die erlebte Beziehungsqualität in der frühen Kindheit ist (Zusammenfassung der Befunde in Diez Grieser, 2022). Dabei meint Resilienz nicht primär Widerstandsfähigkeit, sondern Flexibilität und Offenheit als Basis für eine gelingende Selbst- und Beziehungsregulation. Die Beziehung zum anderen und die Zugehörigkeit zu anderen als Entwicklungsraum ist für sämtliche Entwicklungsaufgaben von herausragender Bedeutung.

1.2 Entwicklungsaufgaben des Jugend- und des jungen Erwachsenenalters

Jugendliche und junge Erwachsene sollen sich spezifischen gesellschaftlichen Entwicklungsaufgaben stellen und diese erfolgreich bearbeiten. Bereits Havighurst (1972) hatte verschiedene Entwicklungsaufgaben genannt, etwa den Aufbau neuer und reiferer Beziehungen zu Altersgenossen beiderlei Geschlechts, die Übernahme der eigenen Geschlechtsrolle, die Akzeptanz der eigenen körperlichen Erscheinung, der angemessene Umgang mit dem eigenen Körper, die Erlangung einer emotionalen Unabhängigkeit von den Eltern und anderen Erwachsenen und die Vorbereitung auf einen beruflichen Werdegang. Trotz vielfältiger gesellschaftlicher Veränderungen wird auch heute noch ein Teil der von Havighurst formulierten Entwicklungsaufgaben von den befragten Jugendlichen und jungen Erwachsenen als relevant bezeichnet und ihr Erreichen entsprechend angestrebt: die Etablierung eines eigenen Haushalts, die Entwicklung fester Partnerschaften und der Einstieg in die Berufswelt (Seiffge-Krenke, 2023, S. 14 ff.). Die gesellschaftlichen Veränderungen, die mehr Exploration und grössere Flexibilität fordern, haben dazu geführt, dass sich die genannten Entwicklungsaufgaben zeitlich über einen längeren Zeitraum erstrecken.

Diesen Entwicklungsaufgaben stehen adoleszente Bedürfnisse gegenüber, die teilweise mit den gesellschaftlichen Anforderungen nicht in Einklang gebracht werden können und die zu phasenspezifischen krisenhaften Zuspitzungen führen können. Die Bedürfnisse, die im Jugendalter zum ersten Mal oder in besonders intensiver Form auftreten, können folgendermassen zusammengefasst werden (Garrison & Garrison, 1975):

- Physiologische Bedürfnisse: der Wunsch nach Anerkennung der eigenen körperlichen Bedürfnisse (körperliche und sexuelle Betätigung).
- Sicherheitsbedürfnis: Die körperlichen und sozialen Veränderungen verstärken den Wunsch nach Sicherheit. Diese wird nun weniger innerhalb der Familie als vielmehr bei den Gleichaltrigen gesucht.
- Unabhängigkeitsbedürfnis: Die Reifungsprozesse, die gesellschaftlichen Erwartungen und der Zuwachs an Möglichkeiten führen zu Abgrenzungen gegenüber den Eltern und anderen Erwachsenen und zu damit einhergehenden Auseinandersetzungen mit den Erwartungen der Eltern.
- Bedürfnis nach Zugehörigkeit: Mit der Distanzierung von den Eltern und dem allgemeinen Unabhängigkeitsdrang kommt es zu einem emotionalen Rückzug des Adoleszenten, was gleichzeitig den Wunsch nach dem Erleben von Zuneigung und Zugehörigkeit verstärkt.
- Leistungsbedürfnis: Fähigkeiten und Leistungsmöglichkeiten werden in der Adoleszenz zu zentralen Aspekten der Identität und ermöglichen das Erfahren von Achtung und Wertschätzung durch andere Personen.
- Bedürfnis nach Selbstverwirklichung und Ich-Entwicklung: Realisierung der eigenen Fähigkeiten und Entwicklung von Idealen.

Das Spannungsfeld, das zwischen gesellschaftlich determinierten Entwicklungsaufgaben und adoleszenten Bedürfnissen entsteht, führt im Jugendalter und im jungen Erwachsenenalter gehäuft zu psychosozialen Krisen, die einen entscheidenden Einfluss auf die psychische Gesundheit und den weiteren Lebensweg der Betroffenen haben (Hale et al., 2015).

In verschiedenen Kulturen bestehen unterschiedliche Vorstellungen und Erwartungen, wie der Prozess der Adoleszenz zu verlaufen hat und welche Rollen die Jugendlichen und ihre Eltern dabei haben. Das Bedürfnis, eine eigene Persönlichkeit zu entwickeln, findet sich in allen Kulturen. Allerdings gibt es in traditionellen Gesellschaften Rituale und klare normative Vorstellungen, welche die Integration in die Erwachsenenwelt rahmen und innerhalb eines bestimmten Zeitraums einfordern (Erdheim, 2012).

Jenseits der Unterschiede zwischen traditionellen und modernen Gesellschaften sind jugendliche Entwicklungsprozesse in allen Gesellschaften mit Veränderungen in den Verhältnissen zwischen den Generationen verbunden. In diesem Zusammenhang stellt sich die Frage, wie das grundsätzliche Bedürfnis nach Autonomie einerseits und das ebenso fundamentale Bedürfnis nach Anerkennung andererseits umgesetzt werden können, damit die jugendlichen Individuationsprozesse hinreichend gelingen können.

Dabei sind die besonderen Bedingungen, die sich für Jugendliche mit Migrationshintergrund ergeben, die eine «verdoppelte Transformationsanforderung» (King & Koller, 2006, S. 12) zu leisten haben, indem sie neben der Bewältigung des Übergangs vom Status des Kindes zu dem des jungen Erwachsenen zusätzlich die unterschiedlichen kulturellen Erwartungen, Werte und Optionen der Zugehörigkeit auszubalancieren haben, besonders herausfordernd. In Familien mit Migrationshintergrund gibt es häufig Konflikte, weil die Eltern auf traditionelle Werte pochen, während im schulischen und beruflichen Kontext der Jugendlichen die Werte der Einwanderungskultur gelten (Farver et al., 2002). Die Untersuchungen von Seiffge-Krenke (2020) in Bezug auf Jugendliche in verschiedenen Ländern Europas zeigen, dass es bereits deutliche kulturelle Unterschiede z. B. im Hinblick auf die Identitätsorientierung zwischen süd-, zentral- und nordeuropäischen Ländern gibt. So finden sich «Gefühle von Traurigkeit und Angst vor Zurückweisung durch andere (weil man *anders* ist) viel häufiger in südeuropäischen Ländern wie Italien, Spanien, Griechenland und Frankreich» (ebd., S. 210) als z. B. in Deutschland oder in den Niederlanden. Zusätzlich lässt sich feststellen, dass die eher kollektivistischen oder individualistischen Werte jeweils innerhalb der Familie vermittelt werden und Entscheidungen wie Partnerwahl und Beruf massgeblich beeinflussen.

In unserer Gesellschaft haben die Veränderungen mit der verlängerten Schul- und Ausbildungszeit, der gesellschaftlichen Unterstützung von Explorationsprozessen, der Liberalisierung der Sexualität und der Verstärkung der Selbstfokussierung dazu geführt, dass eine neue Phase entstanden ist, die als «emerging adulthood» bezeichnet wird (Arnett, 2007). Diese Entwicklungsphase kann durch fünf psychologische Merkmale charakterisiert werden:

- Zum ersten ist die Exploration der eigenen Identität zu nennen, bei der es darum geht, die eigenen Möglichkeiten auszuprobieren und verschiedene Ziele zu erforschen.
- Ein weiteres wichtiges Merkmal ist die Instabilität, die sich in der beruflichen und in der Wohnmobilität zeigt. Ausserdem sind die jungen Erwachsenen auch im partnerschaftlichen Bereich unbeständig (Shulman et al., 2017).
- Ein drittes Merkmal dieser Entwicklungsphase ist eine starke Selbstfokussierung, die häufig das Bezugnehmen auf andere vermissen lässt.
- Ein viertes Merkmal ist das Gefühl des «Dazwischenseins», welches insbesondere das Bedürfnis nach autonomer, erwachsener Lebensführung bei zugleich hoher Abhängigkeit von den Eltern betrifft.

- Schliesslich ist als fünftes Kriterium die «Heterogenität der Lebensläufe» zu nennen, weil in dieser Entwicklungsphase unterschiedlichste Lebensläufe zu finden sind, u. a. auch aufgrund der kulturellen Herkunft (Seiffge-Krenke, 2023, S. 17 f.).

1.3 Biologische Veränderungen

Biologisch stehen im Jugendalter sowohl das Erwerben der sexuellen Reife als auch eine umfassende neuronale Umstrukturierung des Gehirns im Vordergrund. Die neuronalen Prozesse gehen mit Veränderungen des Sozialverhaltens sowie kognitiven und affektiven Entwicklungen einher, z. B. mit der Risikobereitschaft, dem Belohnungsstreben und der kognitiven Kontrolle (Konrad & König, 2018). Die neurofunktionellen Veränderungen im Gehirn werden durch Geschlechtshormone moduliert. Verglichen mit Kindern oder Erwachsenen haben Adoleszente eine erhöhte Aktivität subkortikaler Strukturen (limbisches System), die früher als andere Hirnstrukturen reifen. Dies bewirkt ein spezifisches Ungleichgewicht, da das weiter gereifte limbische System zunächst die Oberhand über das noch nicht ausgereifte präfrontale Kontrollsystem gewinnt, woraus sich ein erhöhtes Risikoverhalten sowie mangelnde Reflexionsfähigkeit und Verhaltenskontrolle erklären (Uhlhaas & Konrad, 2011). Zusätzlich findet in der späteren Adoleszenz ein sogenanntes «Pruning» (eine Eliminierung redundanter, nicht mehr funktionaler neuronaler Verbindungen und Synapsen) statt. Die genannten plastischen Hirnprozesse sind die Basis für krisenhafte Zuspitzungen in der Adoleszenz (Diez Grieser & Grieser, 2020).

1.4 Unterschiede zwischen den Geschlechtern

Weibliche wie männliche Jugendliche müssen sich in der Adoleszenz grundsätzlich mit den gleichen Entwicklungsthemen auseinandersetzen. Es gibt jedoch auch deutliche geschlechtsspezifische Unterschiede. Beispielsweise zeigen Untersuchungen, dass weibliche Jugendliche ihre Identität in der Adoleszenz stärker als männliche über ihre Geschlechtszugehörigkeit definieren; zusammen mit der Tatsache, dass Mädchen sich zudem stärker über die Beziehungen zu anderen definieren, führt dies dazu, dass die Vergleiche mit anderen weiblichen Jugendlichen ins Zentrum rücken und einen starken Druck ausüben (Seiffge-Krenke, 2020).

Weibliche Jugendliche machen ihren Körper häufiger zum Austragungsort bzw. «Kampfplatz» für ihre Identitätsinszenierungen (Diez Grieser & Grieser, 2020). Seit Jahrzehnten bestätigen die Forschungsergebnisse, dass insbesondere Mädchen in der Adoleszenz vermehrt psychische Störungen aufweisen. Dieser Befund wird im Zusammenhang mit der Verarbeitung der körperlichen Veränderungen, des Körperkonzepts und der damit verbundenen Neukalibrierung der Identität erklärt, Entwicklungsaufgaben und Prozesse, die bei weiblichen Jugendlichen aufgrund biologischer Momente und gesellschaftlicher Erwartungen als besonders herausfordernd gelten. In der Psychopathologie ist die Tendenz weiblicher Jugendlicher, internalisierend, d. h. mit Rückzug und Depression zu reagieren und entsprechende Störungsbilder zu entwickeln, bekannt. Männliche Jugendliche zeigen hingegen gehäuft externalisierende Verhaltensweisen, sind an Status- und Dominanzaspekten interessiert und reagieren dementsprechend so, dass sie Herausforderungen handelnd angehen und so problematische Verhaltensweisen zeigen (Aggressionen, Risikoverhalten), die dann als Symptome wahrgenommen werden.

Mädchen werden in der Adoleszenz mehr von ihren Eltern, insbesondere von ihren Müttern, beaufsichtigt als die Jungen. Mädchen besprechen sich sowohl mit ihren Müttern als auch vor allem mit ihren Freundinnen. Die Probleme werden so lange beredet, dass dieses intensive Besprechen, auch als «co-rumination» bezeichnet (Seiffge-Krenke, 2017, S. 398), die Probleme nicht unbedingt kleiner werden lässt. Dies führt dazu, dass weibliche Jugendliche oft in einem ständigen sprachlichen Austausch mit anderen sind, männliche Jugendliche, was das verbale Sich-Mitteilen und Reflektieren angeht, eher sich selbst überlassen bleiben. Dementsprechend mentalisieren sie weniger und werden von ihrer Umgebung darin auch kaum gefördert. Das höhere Ausmass an Aufsicht und Kontrolle über die weiblichen Jugendlichen mag darüber hinaus mit zu deren Neigung beitragen, die Beziehung zu anderen zu suchen, während die «alleingelassenen» Jungen eher agierend in die Welt hinausstreben (Diez Grieser & Grieser, 2020, S. 33).

1.5   Bindungen, Mentalisieren und Ablösungsprozesse

Die Bindungsrepräsentationen, die in Wechselwirkung mit Affektregulation und Mentalisierungsprozessen entstehen, werden in der Adoleszenz überarbeitet (Diez Grieser, 2022). Seiffge-Krenke (2007) spricht von einem eigentlichen Bindungsloch, das dadurch charakterisiert sei, dass eine Wegbewegung von den primären Bezugspersonen und dem familiären Umfeld hin zu neuen Freunden und Liebesbeziehungen und zur Exploration neuer Möglichkeiten zu beobachten ist. Dennoch bleiben unterstützende, vertraute, erwachsene Bezugspersonen für eine gelingende adoleszente Entwicklung äusserst relevant.

Die Fähigkeit zu mentalisieren, d. h. Körpersensationen bzw. körperliches Ausdrucksverhalten, Gefühle, Fantasien und Gedanken bei sich und anderen wahrzunehmen und diese miteinander in Beziehung zu setzen, ist eine zentrale Entwicklungserrungenschaft der mittleren Kindheit. Sie entwickelt sich nicht primär entlang einer Reifungslogik, sondern in Bindungsbeziehungen, die der Subjektwerdung und Identitätsentwicklung der Kinder Raum lassen.

Das Mentalisieren ist eine unabdingbare Voraussetzung dafür, dass eine Selbst- und Beziehungsregulation gelingt. Mentalisierend kann ich die anderen und deren Verhalten verstehen und einordnen, was das Navigieren im sozialen Kontext ermöglicht. Wenn Menschen nicht mentalisieren können, dann ist der Bezug, die Brücke zu den psychischen Erfahrungen anderer nicht ausgebaut und die Offenheit gegenüber ihnen erschwert. Die

Erfahrung des Mentalisiertwerdens führt zum Aufbau von epistemischem Vertrauen; das Individuum macht die Erfahrung, dass das, was die andere Person zu sagen hat, für es selbst relevant und nützlich ist. Ausserdem führt es dazu, dass diese Person, da sie ja in der Lage ist, das Gegenüber zu mentalisieren, als zuverlässig und glaubwürdig erlebt wird. Menschen mit grösserem epistemischem Vertrauen können eher von anderen Menschen lernen und sind eher in der Lage zu verstehen, was vor sich geht (Baraitser, 2023).

Gelingende adoleszente Entwicklungen hängen stark von der Reflexionsfähigkeit des Jugendlichen ab: von seiner Bereitschaft, nicht nur zu handeln, sondern Denkräume entstehen zu lassen und diese zu nutzen (Diez Grieser & Müller, 2018). In Bezug auf die Adoleszenz geht man von einem phasenspezifischen Einbruch aus; dieser wird u. a. darin sichtbar, dass der phasentypische Egozentrismus die Art des Denkens über sich und andere massgeblich prägt (Fonagy et al., 2015). Grundsätzlich verbessert sich im Alter zwischen ca. 13 und 17 Jahren die Fähigkeit zur Perspektivenübernahme deutlich, erreicht jedoch noch nicht das Niveau der Erwachsenen (Dumontheil et al., 2010).

Die Adoleszenz hat bezüglich des Mentalisierens eine doppelte Bewegung zur Folge: einerseits eine Spezialisierung, andererseits eine Integration. Einige adoleszenztypische Entwicklungen – wie die strukturellen und funktionalen Veränderungen sowie die Erweiterung der sozialen Kontakte – fördern das Mentalisieren, andere schwächen jedoch die Mentalisierungsfähigkeit (Debbané et al., 2016). Eine robuste Mentalisierungsfähigkeit in der späteren Adoleszenz und im frühen Erwachsenenalter ebnet den Weg zur Reflexion und ermöglicht es, eigene Identitäten zu entwerfen, die unabhängig von eigenen Erfahrungen und bestehenden Normen sein können. Mentalisierungsstörungen sind immer mit Schwierigkeiten bei der Konstruktion eines kohärenten Selbstbildes verbunden (De Meulemeester et al., 2017).

Die Fähigkeit des Mentalisierens kann aufgrund situativer Gegebenheiten «einbrechen», z. B. bei Müdigkeit, Krankheit oder insbesondere bei Stress (Diez Grieser, 2022). Bei Einbrüchen des Mentalisierens mit entsprechenden Verhaltensweisen erweist es sich als wichtiger präventiver Faktor im Hinblick auf die Entwicklung psychischer Störungen in der Adoleszenz, wenn erwachsene Bezugspersonen solches Verhalten aushalten sowie die Bereitschaft zeigen, mit dem Jugendlichen die Zusammenhänge zu bedenken. Jugendliche und junge Erwachsene brauchen ihre Bezugspersonen besonders auch, um in ihrer Anfälligkeit für riskantes Verhalten co-reguliert zu werden, wobei vor allem die Beziehung zum Vater hierbei eine wichtige Rolle spielt (Gallarin & Alonso-Arbiol, 2012).

Die Fähigkeit zu mentalisieren als wichtiger Resilienzfaktor ist bei Menschen mit belasteten Kindheitserfahrungen – wie z. B. Vernachlässigung und Gewalt in der Familie – häufig beeinträchtigt. Adoleszente Entwicklungsprozesse lassen nicht selten diese teilweise «vergessenen» Erfahrungen erneut aufbrechen, was zu starken Belastungen der Jugendlichen führen kann, die phasenspezifisch mehrere Spannungsfelder zu bewältigen haben. Im Gegensatz dazu ist das Vorhandensein der Mentalisierungsfähigkeit in der Adoleszenz, insbesondere im Zusammenhang mit sozialen Emotionen (Scham, Schuld), eine zentrale Ressource, die hilft, phasenspezifische Krisen zu bewältigen.

Das Bestreben Jugendlicher, sich von den Eltern zu lösen und eine eigene Identität zu finden, ist mit grosser Unsicherheit verbunden. Jugendliche, die sich ihrer Bindungen an die Bezugspersonen sicher sind, können das Getrenntsein eher tolerieren und sich auf dem Weg der Autonomie eher den Ängsten stellen, die durch die Bindungsbedürfnisse aktiviert werden. Ein Teil der Jugendlichen hat dennoch grosse Schwierigkeiten, sich von den Eltern abzulösen, andere hingegen forcieren die Ablösung. Ein Jugendlicher, der aufgrund eines Mangels an Mentalisierungsfähigkeit Teile seines Selbst in eine Bezugsperson projizieren muss, um sich zu stabilisieren, wird sich in seiner Identität bedroht fühlen, wenn er sich zu weit von dieser Bezugsperson entfernt.

Beziehungen zu Gleichaltrigen können zu einer wichtigen Ressource werden, wenn die Jugendlichen in diesem ausserfamiliären Raum Sicherheit und Zugehörigkeit erleben. Jugendliche brauchen die Gleichaltrigen aber auch, um sich gespiegelt zu sehen. Die Gleichaltrigengruppe kann als ein mehr oder weniger sicherer Ort betrachtet werden, der es den Jugendlichen ermöglicht, Persönlichkeitsanteile auszuleben und zu erproben, indem sie diese auf andere Gruppenmitglieder projizieren und sich in der Beziehung zu ihnen damit auseinandersetzen (Diem-Wille, 2017). Gruppenbindungen können aber auch einen negativen Effekt haben und Autonomie sowie Identitätsentwicklung erschweren oder sogar verhindern.

In der Gleichaltrigengruppe kommt es häufig zu Risikoverhalten; so zeigen Untersuchungen, dass drei Viertel aller Jugendlichen im Alter zwischen 13 und 20 Jahren in der Gruppe kleinere kriminelle Aktivitäten wie Vandalismus, Diebstahl oder Verkehrsdelikte begehen (Moffitt, 2003). Insbesondere Jugendliche mit traumatischen Erfahrungen aus der früheren Kindheit sind aufgrund ihrer Vulnerabilität stärker gefährdet und entwickeln häufiger Verhaltensauffälligkeiten und psychische Störungen (Brisch, 2014).

Ablösungsprozesse sind nie als bloss individuelle Entwicklungsaufgaben der Jugendlichen zu verstehen, sondern immer auch als Veränderungserfordernisse im Generationenverhältnis, die auch durch die Eltern mitvollzogen werden müssen. Vera King (2010) beschreibt neue Herausforderungen an die Eltern im Ablösungsprozess der Adoleszenten. Als Folge der zunehmenden gesellschaftlichen Flexibilitätsnormen und insbesondere Jugendlichkeitserwartungen kann bei der Elterngeneration analog zum vulnerablen Prozess der sich verlängernden Adoleszenzphase eine grosse Unsicherheit festgestellt werden. Dies könne dazu führen, dass die Eltern die Übergangsräume der Adoleszenten für sich beanspruchen und sich deshalb beide Generationen während des Ablösungsprozesses nur ungenügend voneinander abgrenzen können.

1.6 Identitätsentwicklung in der Adoleszenz und im jungen Erwachsenenalter

Die gesellschaftlichen Veränderungen der letzten Jahrzehnte, die u. a. zu einer Enttraditionalisierung geführt haben, gehen mit Orientierungsverlust einher, was die Identitätsentwicklung der Jugendlichen und jungen Erwachsenen erheblich erschwert. Ausserdem kann festgestellt werden, dass die Identitätskrise, die von Erikson (1973) als für das Jugendalter durch die beiden Pole der Identitätssynthese und der Identitätskonfusion gekennzeichnet ist, heute in das junge Erwachsenenalter verlagert ist (Seiffge-Krenke, 2023) und wie bereits erwähnt als «emerging adulthood» bezeichnet wird (Arnett, 2007). Wie gezeigt bedeutet diese Verlagerung, dass wichtige Probleme adoleszenter Entwicklung gehäuft im dritten Lebensjahrzehnt angegangen und gelöst werden.

Marcia (1993) hat die von Erikson beschriebene Identitätskrise mit ihren Polen (Identitätssynthese versus Identitätsdiffusion) weiter ausdifferenziert. Im Zentrum stehen dabei unterschiedliche Vorgänge je nach Anteil von Exploration und Commitment, welche verschiedene Identitätsstufen auszeichnen. Eine erarbeitete Identität ist laut Marcia (ebd.) durch eine Sequenz, die zunächst eine ausführliche Exploration mit anschliessender verbindlicher Festlegung beinhaltet, charakterisiert. In anderen Varianten der Entwicklung von Identität erfolgt die sofortige Festlegung der Identität, ohne zuvor weitere Optionen ausgelotet zu haben, oder es gibt, am anderen Pol, ein anhaltendes Moratorium, bei dem ausschliesslich exploriert wird. Eine weitere Möglichkeit ist ein diffuser Status, bei dem weder exploriert wird noch eine Festlegung in irgendeiner Form stattfindet.

Grundsätzlich ist in der Adoleszenz nicht von einer erarbeiteten Identität auszugehen. Neuere Studien zeigen, dass dies häufig auch für junge Erwachsene gilt. Die Phase des jungen Erwachsenenalters ist dadurch gekennzeichnet, dass eine starke Selbstfokussierung besteht und eine Identitätsentwicklung langsam erfolgt. Diese Merkmale haben sowohl einen Einfluss auf das Beziehungsverhalten als auch auf die berufliche Entwicklung (Seiffge-Krenke, 2020). So kann festgestellt werden, dass bei 23-Jährigen mit unterschiedlichem Berufsstatus (Student:innen, Berufstätige, Auszubildende, Arbeitslose) diejenigen, die berufstätig oder in einer beruflichen Ausbildung sind, die am weitesten entwickelte Identität aufweisen (Seiffge-Krenke, 2020).

Episodische, emotional gesättigte Erinnerungen an Interaktionen aus der frühen Kindheit, die durch spätere Erfahrungen bestärkt und generalisiert werden können, sind wichtige Bausteine für die Identitätsentwicklung (Diez Grieser & Grieser, 2020). Sie enthalten Struktur und Thematik der weiteren Identitätsbildung. Dazu kommt nun in der Adoleszenz die Aufgabe, sich im Raum ausserhalb der Familie zu definieren. Dabei spielen die Spiegelung durch die Gleichaltrigen sowie das Finden eines Platzes innerhalb der Gleichaltrigengruppe eine zentrale Rolle. Zudem unterstützt sie die Entwicklung des Mentalisierens und ist der soziale Ort, an dem neue Bindungserfahrungen gemacht werden können (Diez Grieser & Müller, 2018).

Die Möglichkeit, im Internet bzw. über spezifische Apps Kontakte zu Gleichaltrigen zu pflegen, eröffnet den Jugendlichen neue Erfahrungsräume, die ebenfalls einen wichtigen Beitrag zu ihrer Identitätsentwicklung leisten, zu Rückzugsorten werden und auch Risikomomente beinhalten können. Das japanische Phänomen des «Hikikomori» – der Jugendlichen oder jungen Erwachsenen, die sich aus der realen Welt zurückziehen – findet sich auch in unserer Gesellschaft und stellt Fachkräfte vor neue Herausforderungen. Zugleich müssen auch die für die adoleszente Identitätsentwicklung positiven, förderlichen Aspekte virtueller Welten und Identitäten berücksichtigt werden, um der subjektiven Welt und dem Erleben des Jugendlichen gerecht werden zu können. Immerhin stellt es auch einen Teil seiner Entwicklungsaufgabe dar, sich in dieser digitalisierten Welt der Zukunft zurechtzufinden (Diez Grieser & Grieser, 2020).

Jenseits der verschiedenen Entwicklungsstränge und deren geschlechtsspezifischer Ausformungen bleibt die Beziehung zu anderen Menschen das zentrale, übergeordnete Thema der Entwicklung. Fonagy et al. (2004) setzen den Prozess der Selbstentwicklung mit dem Sammeln von Erfahrungen in Beziehungen gleich. Erfahrungen müssen als Elemente des Selbst und der Identität innerpsychisch repräsentiert werden, um durch Mentalisieren eine Selbst- und Beziehungsregulation zu ermöglichen. Dabei nimmt die Qualität der Beziehungserfahrungen einen entscheidenden Einfluss auf die Entwicklung des Selbst sowie auf die Selbst- und Beziehungsregulation (Diez Grieser & Grieser, 2020). Diese Perspektive ist mit den klassischen Modellen vereinbar, die die Adoleszenz als einen Prozess der Identitätsbildung und Identifikation beschreiben, um das Selbst zu formen – eine Dynamik, die nur in der Beziehung zu dem bzw. den anderen möglich ist. Deshalb kann von der Identität als einer Beziehungskonstruktion gesprochen werden (Seiffge-Krenke, 2004).

Eine wesentliche identitätsfördernde Aufgabe der Adoleszenz ist die Suche nach einem eigenen Ort innerhalb der Gesellschaft, die einerseits über die Gleichaltrigengruppe und andererseits über die Berufswahl erfolgt. Die Wahl des zukünftigen Berufes stellt nach wie vor einen elementaren Schritt im Leben eines Menschen dar, da die berufliche Tätigkeit nicht nur dem Lebensunterhalt dient, sondern einer der zentralen Identifikationsaspekte bleibt.

Jugendliche erleben zwar die Notwendigkeit, zu Beginn ihrer Identitätsbildung einen Beruf zu wählen, häufig als belastend, als einen von aussen ausgeübtem Druck. Es benötigt Zeit, bis die Berufsrolle ein Teil der Identität werden und auch als Stärkung und Schutz für die eigene Selbstentwicklung erlebt werden kann. Jugendliche brauchen, um diesen Schritt zu vollziehen, Übergangsräume, in denen sie durch Erwachsene, zusammen mit Gleichaltrigen, Halt und Orientierung finden können. Es geht auch darum, dass die Jugendlichen, um aus dem familiären Raum heraustreten zu können, in der Lage sein müssen, sich der Kultur und den Gleichaltrigen zuzuwenden (Grieser, 2015). Die jugendliche Identitätsbildung benötigt als Nährboden die Anerkennung von aussen (Günter, 1999).

Im sozialen Umfeld stossen die Jugendlichen genauso auf unterstützende und belastende Faktoren wie in der Familie, wobei es sich um Personen oder auch um institutionelle

Umstände wie Lehrstellenangebote, das politische Klima, Drogen, Konsum- und Freizeitangebote oder wegweisende Gesetze handeln kann. Die Verfügbarkeit und Zugänglichkeit von Ausbildungsplätzen ist beispielsweise ein entscheidender unterstützender Aspekt bei der Ablösung von der Familie und der Entwicklung von Selbstwert und Autonomie. Das Vorhandensein von Behandlungseinrichtungen aller Art stellt ebenfalls ein Faktor dar, der die Entwicklung fördern oder beeinträchtigen kann. Werden etwa die Konflikte zwischen Jugendlichen und Eltern so destruktiv, dass weder Eltern noch Jugendliche damit umgehen können, braucht es professionelle oder staatlich legitimierte Dritte, die eingeschaltet werden und die blockierte Dyade zwischen Jugendlichen und Eltern wieder triangulierend erweitern können. In diesem Sinne kann dann auch eine Platzierung des Jugendlichen in einer ausserfamiliären Einrichtung die Blockierung lösen und die Entwicklungsfähigkeit wiederherstellen (Diez Grieser & Grieser, 2020).

Naheliegende Vorbilder mit dem Potenzial, als Mentor:innen oder Entwicklungshelfer:innen zu fungieren, sind Lehrer:innen, die schon in der Kindheit häufig eine wichtige Rolle im Leben des Kindes spielen. Lehrpersonen können auch in der Adoleszenz bedeutsame Bezugspersonen werden und in denjenigen Belangen als Vorbild dienen, in denen die eigenen Eltern weniger anbieten. Allerdings werden Erwachsene in der Adoleszenz insgesamt eher zunehmend kritisch betrachtet, entidealisiert und mit ihren Beziehungsangeboten oft auch zurückgewiesen.

1.7 Adoleszenz und junges Erwachsenenalter als kritische Phase

Epidemiologische Daten bestätigen, dass Bemühungen der Affektregulation und Impulskontrolle im Jugendalter häufig misslingen (Dahl, 2004). Daher werden die Affektregulationsprobleme oftmals als die eigentliche Ursache für die Schwierigkeiten und Gefahren der Adoleszenz bis hin zu Risikoverhalten und einer erhöhten Mortalitätsrate verstanden. Auf jeden Fall haben die Jugendlichen Schwierigkeiten, wichtige Emotionen wie Wut oder Ekel klar wahrzunehmen, zu definieren und zu regulieren (Lawrence et al., 2015).

Diese Zusammenhänge führen dazu, dass im Jugendalter psychische Auffälligkeiten mit 10 bis 18 % (Robert Koch-Institut, 2008) insgesamt häufig sind. Bei jungen Erwachsenen sind psychische Störungen weit verbreitet. In Deutschland etwa zeigen Untersuchungen des Robert Koch-Instituts, dass 30 % der jungen Männer im Alter von 18 bis 24 Jahren davon betroffen sind; junge Frauen erkranken noch häufiger. Auch die Corona-Studien bestätigen sowohl die hohen Zahlen als auch den Unterschied bezüglich der Geschlechter (Seiffge-Krenke, 2023, S. 54). Im Kontext der Krisen der letzten Jahre (Corona-Pandemie, russischer Angriffskrieg in der Ukraine, Klimaveränderung) sind diese Zahlen deutlich angestiegen. Laut einer repräsentativen Studie des Schweizerischen Gesundheitsobservatoriums (Peter et al., 2023) weisen in der Gruppe der 15-

bis 24-Jährigen 36 % der weiblichen und 15 % der männlichen Jugendlichen und jungen Erwachsenen schwere psychische Symptome (v. a. Angst und Depression) auf. Eine psychische Störung in der Adoleszenz wirkt sich insofern nachteilig auf die weitere Entwicklung aus, als sie den Aufbau von Bewältigungsstrategien erschwert, was wiederum die Wahrscheinlichkeit, dass auch im Verlauf des Erwachsenenlebens gesundheitliche, ökonomische und psychosoziale Probleme auftreten, erhöht (Perrig-Chiello, 2015).

Psychische Zusammenbrüche und Störungen sowie belastende innerfamiliäre Prozesse – in Wechselwirkung mit psychosozialen Stressoren und dem Einfluss möglicher «Vorbilder», wobei Stressoren wie «Vorbilder» als Auslöser fungieren können – führen im Jugend- und frühen Erwachsenenalter gehäuft zu Selbstmordversuchen oder vollendeten Suiziden (Bilsen, 2018). In der Schweiz sind denn auch 28 % aller Todesfälle bei jungen Menschen auf Suizid zurückzuführen (Baggio et al., 2019).

Psychische Zusammenbrüche in der Adoleszenz und im frühen Jugendalter sind somit in vielen Fällen nicht primär Folge eines inneren Aufruhrs, sondern ausgelöst durch frühere, bisher verborgen gebliebene Entwicklungsstörungen. Vor diesem Hintergrund kann es in der Adoleszenz zur Reaktivierung früherer unverarbeiteter, insbesondere traumatischer Belastungen aus der Kindheit kommen, was die Bewältigung der adoleszenten Entwicklungsthemen negativ beeinflusst. Körperlich vorhandene, traumaassoziierte Empfindungen und Erinnerungsspuren werden aufgrund der adoleszenten körperlichen Entwicklung bzw. des körperlichen Umbruchs spürbarer. Je weniger die Bezugspersonen das Kind in seiner frühen Kindheit als Subjekt mentalisieren konnten, umso eher entwickelt dieses ab der Adoleszenz depressive Störungen und Angststörungen (Boyd et al., 2018). Untersuchungen deuten darauf hin, dass die Mehrheit der Erwachsenen mit schweren Depressionen ihre erste depressive Episode vor dem 15. Lebensjahr hatten (Kessler et al., 2005).

Insbesondere zeigen männliche Jugendliche, die in der Kindheit häusliche Gewalt erlitten, ein vielfach erhöhtes Risiko zur Anwendung von emotionaler und körperlicher Gewalt in ihren ersten Liebesbeziehungen (Dating Violence; Wolfe et al., 2001) bzw. weibliche Jugendliche ein deutlich erhöhtes Risiko, dass sie eine Beziehung zu einem gewalttätigen Partner eingehen (Bensley et al., 2003).

Ein wichtiger, gesellschaftlich mitdeterminierter Faktor, der krisenhafte Zuspitzungen fördert und Ressourcen für deren Bewältigung verringert, ist die Einsamkeit. Einsamkeit und Vereinzelung haben einen negativen Effekt auf die Befindlichkeit und psychische Gesundheit (Wang et al., 2018). Darüber hinaus gefährden sie den Einstieg in die Berufswelt und das Nutzen des Berufes als identitätsförderndes Element. So zeigen Untersuchungen (Matthews et al., 2018), dass einsame junge Erwachsene im Alter von 18 Jahren, auch wenn sie aus vergleichbaren sozioökonomischen Verhältnissen wie ihre nicht einsamen Altersgenossen stammten, im Vergleich zu diesen einen niedrigeren Bildungsstand aufwiesen und häufiger ohne Arbeit und Ausbildung waren. Dies deutet darauf hin, dass entweder Einsamkeit ein Faktor für sozialen Abstieg sein könnte oder aber, dass

Arbeitslosigkeit im Zusammenhang mit Einsamkeit das Zugehörigkeitsgefühl des Einzelnen schmälern kann. Es zeigte sich zwar, dass einsame junge Erwachsene nicht weniger engagiert bei der Arbeitssuche als nicht einsame waren, sie waren aber deutlich weniger optimistisch, was ihre Berufsaussichten betraf (ebd.).

Einsame Menschen sind durch Schüchternheit und ein geringeres Selbstwertgefühl gekennzeichnet (Cacioppo et al., 2006), und diese Eigenschaften können ihr Vertrauen in ihre Fähigkeit, sich auf dem Arbeitsmarkt zu behaupten, beeinflussen. Auf der anderen Seite können auch niedriges Einkommen und Arbeitslosigkeit ihrerseits zu Gefühlen der Einsamkeit beitragen (Luhmann & Hawkley, 2016). Die erwähnte Studie des Schweizerischen Gesundheitsobservatoriums (Peter et al., 2023) zeigt, dass 32 % der weiblichen Jugendlichen und jungen Erwachsenen «ziemlich oder sehr häufig» Einsamkeit erleben, bei den männlichen Jugendlichen und jungen Erwachsenen sind es 22 %. Diese hohen Zahlen bezüglich Einsamkeit verweisen – zusammen mit den gehäuften Cyber-Mobbing-Erfahrungen in dieser Lebensphase (36 %; Lohaus & Vierhaus, 2015) – auf beträchtliche Belastungen und sollten von der Gesellschaft möglichst mit entsprechenden präventiven Angeboten beantwortet werden.

1.8 Abschliessende Bemerkungen

Mit der genannten Vielfalt an Entwicklungsthemen sind die Adoleszenz und das junge Erwachsenenalter eine zentrale Übergangsphase auf dem Weg zum Erwachsenwerden, die stets mit einer intensiven psychischen Verunsicherung und Labilisierung einhergeht. Grund dafür sind die hohen Anforderungen an die Entwicklung und die Integration unterschiedlicher Dimensionen der Persönlichkeit, denen Adoleszente und junge Erwachsene entsprechen müssen, damit ein robustes Identitätsgefühl entstehen kann. Wichtige Aspekte sind dabei die Entwicklung eines realistischen Körperbildes, eines konstanten, stabilen Selbsterlebens über die Zeit, der Mentalisierungsfähigkeit, der Geschlechtsidentität und der ethnischen Identität. Gesellschaftliche Anforderungen sowie die ökologisch-gesellschaftlichen Krisen der Gegenwart können die Orientierungslosigkeit verstärken und die Befindlichkeit und psychische Gesundheit der Jugendlichen und jungen Erwachsenen negativ beeinflussen.

Jugendliche und junge Erwachsene, die in ihrer Entwicklung in Sackgassen geraten, brauchen unterstützende Angebote, die nah an ihrer Lebenswelt und ihren eigenen Bedürfnissen und Ressourcen angesiedelt sind. Gruppenbindungen, die Einsamkeit und Belastung verringern sowie resonante, mentalisierende Erwachsene, die sie begleiten, können Denk- und Gesprächsräume entstehen lassen, die gelingende Entwicklungen ermöglichen und die Entfremdung von sich und der Welt (Rosa, 2017) eindämmen können.

Literatur

Arnett, J. J. (2007). Emerging adulthood: What is it, and what is it good for? *Child Development Perspectives, 1*(2), 68–73.

Baggio, S., Kanani, A., Nsingi, N., Sapin, M., & Thélin, R. (2019). Evaluation of a suicide prevention program in Switzerland: Protocol of a cluster non-randomized controlled trial. *International Journal of Environmental Research and Public Health, 16*(11), 2049.

Baraitser, L. (2023). Epistemisches Vertrauen als psychosoziales Konzept. In P. Fonagy & T. Nolte (Hrsg.), *Epistemisches Vertrauen. Vom Konzept zur Anwendung in Psychotherapie und psychosozialen Arbeitsfeldern* (S. 114–141). Klett-Cotta.

Bensley, L., Van Eenwyk, J., & Simmons, K. W. (2003). Childhood family violence history and women's risk for intimate partner violence and poor health. *American Journal of Preventive Medicine, 25*(1), 38–44.

Bilsen, J. (2018). Suicide and youth: Risk factors. *Frontiers in Psychiatry, 9*, 540.

Blos, P. (1983). *Adoleszenz* (3. Aufl.). Klett-Cotta.

Boyd, R. C., Butler, L., & Benton, T. D. (2018). Understanding adolescents' experiences with depression and behavioral health treatment. *The Journal of Behavioral Health Services & Research, 45*, 105–111.

Brisch, K. H. (Hrsg.). (2014). *Bindung und Jugend*. Klett-Cotta.

Cacioppo, J. T., Hughes, M. E., Waite, L. J., Hawkley, L. C., & Thisted, R. A. (2006). Loneliness as a specific risk factor for depressive symptoms: Cross-sectional and longitudinal analyses. *Psychology and Aging, 21*(1), 140–151. https://doi.org/10.1037/0882-7974.21.1.140. PMID: 16594799.

Dahl, R. E. (2004). Adolescent brain development: A period of vulnerabilities and opportunities. Keynote address. *Annals of the New York Academy of Sciences, 1021*, 1–22.

Debbané, M., Salaminios, G., Luyten, P., Badoud, D., Armando, M., Solida Tozzi, A., & Brent, B. K. (2016). Attachment, neurobiology, and mentalizing along the psychosis continuum. *Frontiers in Human Neuroscience, 10*, 406.

De Meulemeester, C., Lowyck, B., Vermote, R., Verhaest, Y., & Luyten, P. (2017). Mentalizing and interpersonal problems in borderline personality disorder: The mediating role of identity diffusion. *Psychiatry Research, 258*, 141–144. https://doi.org/10.1016/j.psychres.2017.09.061

Diem-Wille, G. (2017). *Pubertät. Die innere Welt der Adoleszenten und ihrer Eltern*. Kohlhammer.

Diez Grieser, M. T. (2022). *Mentalisieren bei Traumatisierungen*. Klett-Cotta.

Diez Grieser, M. T., & Grieser, J. (2020). *Psychodynamische Psychotherapie mit Jugendlichen*. Kohlhammer.

Diez Grieser, M. T., & Müller, R. (2018). *Mentalisieren mit Kindern und Jugendlichen*. Klett-Cotta.

Dumontheil, I., Apperly, I. A., & Blakemore, S. J. (2010). Online usage of theory of mind continues to develop in late adolescence. *Developmental Science, 13*(2), 331–338.

Erdheim, M. (2012). Das Fremde im Anderen, das Fremde in mir. Über das Kulturelle in der Psychotherapie. Vortrag, Fachtagung am 24.03.2012. Institut für Psychoanalyse der DPG, Stuttgart.

Erikson, E. H. (1973). *Identität und Lebenszyklus*. Suhrkamp.

Farver, J. A. M., Narang, S. K., & Bhadha, B. R. (2002). East meets west: Ethnic identity, acculturation, and conflict in Asian Indian families. *Journal of Family Psychology, 16*(3), 338–350.

Fonagy, P., Gergely, G., Jurist, E. J., & Target, M. (2004). *Affektregulierung, Mentalisierung und die Entwicklung des Selbst* (8. Aufl. 2022). Klett-Cotta.

Fonagy, P., Speranza, M., Luyten, P., Kaess, M., Hessels, C., & Bohus, M. (2015). ESCAP expert article: Borderline personality disorder in adolescence: An expert research review with implications for clinical practice. *European Child & Adolescent Psychiatry, 24*(11), 1307–1320. https://doi.org/10.1007/s00787-015-0751-z

Gallarin, M., & Alonso-Arbiol, I. (2012). Parenting practices, parental attachment and aggressiveness in adolescence: A predictive model. *Journal of Adolescence, 35*(6), 1601–1610.

Garrison, K. C., & Garrison, K. C. (1975). *Psychology of adolescence*. Prentice-Hall.

Grieser, J. (2015). *Triangulierung*. Psychosozial-Verlag.

Günter, M. (1999). Pentheus, Dionysos und der Terminator – Von der Schwierigkeit der Identitätsbildung angesichts libidinöser und aggressiver Strebungen in der Adoleszenz. *Kinderanalyse, 2*, 104–126.

Hale, D. R., Bevilacqua, L., & Viner, R. M. (2015). Adolescent health and adult education and employment: A systematic review. *Pediatrics, 136*(1), 128–140.

Havighurst, R. J. (1972). *Developmental tasks and education*. David McKay.

Kessler, R. C., Adler, L. A., Barkley, R., Biederman, J., Conners, C. K., Faraone, S. V., & Zaslavsky, A. M. (2005). Patterns and predictors of attention-deficit/hyperactivity disorder persistence into adulthood: Results from the national comorbidity survey replication. *Biological Psychiatry, 57*(11), 1442–1451.

King, V. (2010). Adoleszenz und Ablösung im Generationenverhältnis. Theoretische Perspektiven und zeitdiagnostische Anmerkungen. *Diskurs Kindheits- und Jugendforschung, 5*(1), 9–21.

King, V., & Koller, H. C. (Hrsg.). (2006). *Adoleszenz – Migration – Bildung. Bildungsprozesse jugendlicher und junger Erwachsener mit Migrationshintergrund*. VS Verlag.

Konrad, K., & König, J. (2018). Biopsychologische Veränderungen. In A. Lohaus (Hrsg.), *Entwicklungspsychologie des Jugendalters* (S. 1–21). Springer.

Lawrence, D., Johnson, S., Hafekost, J., Boterhoven de Haan, K., Sawyer, M., Ainley, J., & Zubrick, S. R. (2015). *The mental health of children and adolescents: Report on the second Australian child and adolescent survey of mental health and wellbeing*. Department of Health, Australian Government.

Lohaus, A., & Vierhaus, M. (2015). *Entwicklungspsychologie des Kindes- und Jugendalters für Bachelor* (3. Aufl.). Springer.

Luhmann, M., & Hawkley, L. C. (2016). Age differences in loneliness from late adolescence to oldest old age. *Developmental Psychology, 52*(6), 943–959.

Marcia, J. E. (1993). The ego identity status approach to ego identity. In, J. E. Marcia, A. S. Waterman, D. R. Matteson, S. L. Archer, & J. L. Orlofsky (Hrsg.), *Ego identity: A handbook for psychosocial research* (S. 3–21). Springer.

Matthews, T., Danese, A., Caspi, A., Fisher, H. L., Goldman-Mellor, S., Kepa, A., Moffitt, T. E., Odgers, C. L., & Arseneault, L. (2018). Lonely young adults in modern Britain: Findings from an epidemiological cohort study. *Psychological Medicine, 49*, 268–277. https://doi.org/10.1017/S0033291718000788

Moffitt, T. E. (2003). Life-course-persistent and adolescence-limited antisocial behavior: A 10-year research review and a research agenda. In B. B. Lahey, T. E. Moffitt, & A. Caspi (Hrsg.), *Causes of conduct disorder and juvenile delinquency* (S. 49–75). Guilford Press.

Perrig-Chiello, P. (2015). Vulnerabilität und Wachstum über die Lebensspanne. In Schweizerisches Rotes Kreuz (Hrsg.), *Wege aus der Verletzlichkeit* (S. 21–50). Seismo.

Peter, C., Tuch, A., & Schuler, D. (2023). Psychische Gesundheit – Erhebung Herbst 2022. Wie geht es der Bevölkerung in der Schweiz? Sucht sie bei psychischen Problemen Hilfe? Obsan-Bericht 3/2023. Neuchâtel: Schweizerisches Gesundheitsobservatorium. https://www.obsan.admin.ch/sites/default/files/2023-05/Obsan_03_2023_BERICHT.pdf

Robert Koch-Institut. (Hrsg.). (2008). Lebensphasenspezifische Gesundheit von Kindern und Jugendlichen in Deutschland. Ergebnisse des Nationalen Kinder- und Jugendgesundheitssurveys (KiGGS). Bericht für den Sachverständigenrat zur Begutachtung der Entwicklung im Gesundheitswesen. Robert Koch-Institut. https://www.rki.de/DE/Content/Gesundheitsmonitoring/Gesundheitsberichterstattung/GBEDownloadsB/KiGGS_SVR.pdf?__blob=publicationFile

Rosa, H. (2017). *Beschleunigung. Die Veränderung der Zeitstrukturen in der Moderne.* Suhrkamp.
Seiffge-Krenke, I. (2004). *Psychotherapie und Entwicklungspsychologie – Beziehungen, Herausforderungen, Ressourcen, Risiken.* Springer.
Seiffge-Krenke, I. (2007). *Psychoanalytische und tiefenpsychologisch fundierte Therapie mit Jugendlichen.* Klett-Cotta.
Seiffge-Krenke, I. (2017). *Die Psychoanalyse des Mädchens.* Klett-Cotta.
Seiffge-Krenke, I. (2020). *Die Jugendlichen und ihre Suche nach dem neuen Ich – Identitätsentwicklung in der Adoleszenz.* Kohlhammer.
Seiffge-Krenke, I. (2023). *Psychodynamische Psychotherapie mit jungen Erwachsenen – Besonderheiten der Entwicklungsphase »emerging adulthood«.* Kohlhammer.
Shulman, S., Scharf, M., Bohr, Y., Tuval-Mashiach, R., Hirsh, Y., & Faians, M. (2017). Adolescent romantic competence and parenting attitudes: Gender variations and correlates. *Journal of Social and Personal Relationships, 34*(4), 594–614. https://doi.org/10.1177/0265407516650760
Uhlhaas, P. J., & Konrad, K. (Hrsg.). (2011). *Das adoleszente Gehirn.* Kohlhammer.
Wang, J., Mann, F., Lloyd-Evans, B., Ma, R., & Johnson, S. (2018). Associations between loneliness and perceived social support and outcomes of mental health problems: A systematic review. *BMC Psychiatry, 18*(1), 1–16.
Wolfe, D. A., Scott, K., Wekerle, C., & Pittman, A. L. (2001). Child maltreatment: Risk of adjustment problems and dating violence in adolescence. *Journal of the American Academy of Child & Adolescent Psychiatry, 40*(3), 282–289.

Dr. phil. Maria Teresa Diez Grieser ist psychoanalytische Psychotherapeutin und Supervisorin und doziert an verschiedenen Instituten und Hochschulen. Sie hat in den Bereichen der Präventionsforschung und der Psychopathologie des Kindes- und Jugendalters geforscht und hat sich vertieft mit der mentalisierungsbasierten Psychotherapie auseinandergesetzt.

Ausgangslage: Der Übergang zwischen Schule und Arbeit für psychisch belastete junge Menschen

Filomena Sabatella, Sabine Loos, Agnes von Wyl und Ran Wehrli

Inhaltsverzeichnis

2.1 Von der Schulbank in den Arbeitsmarkt 18
2.2 Psychische Störungen junger Menschen und ihre Folgen 21
2.3 Versorgungssituation junger Menschen mit psychischen Störungen 24
2.4 Berentungen.. 25
2.5 «Überforderung» der Motivationssemester: Eine Bedarfsanalyse 26
Literatur 29

F. Sabatella (✉) · A. von Wyl · R. Wehrli
Psychologisches Institut, ZHAW Zürcher Hochschule für Angewandte Wissenschaften, Zürich, Schweiz
E-Mail: filomena.sabatella@zhaw.ch

A. von Wyl
E-Mail: agnes.vonwyl@zhaw.ch

R. Wehrli
E-Mail: ran.wehrli@zhaw.ch

S. Loos
Hochschule Macromedia, Stuttgart, Deutschland
E-Mail: s.loos@macromedia.de

Fakultät Kultur, Medien, Psychologie, Leipzig, Deutschland

© Der/die Autor(en), exklusiv lizenziert an Springer-Verlag GmbH, DE, ein Teil von Springer Nature 2024
A. von Wyl und F. Sabatella (Hrsg.), *Gruppentherapie für arbeitslose Jugendliche und junge Erwachsene*, https://doi.org/10.1007/978-3-662-70150-8_2

2.1 Von der Schulbank in den Arbeitsmarkt

Erwachsenwerden wird unterschiedlich definiert. Unabhängig davon, ob man von zu bewältigenden Entwicklungsaufgaben (Havighurst, 1972) oder von Entwicklungskrisen (Erikson, 1998) spricht, allen Konzepten ist gemein, dass Hürden genommen werden müssen, deren erfolgreiche Bewältigung uns den Weg ins Erwachsenenleben bahnt. Durch diese erfolgreiche Bewältigung findet die Transition in den nächsten Lebensabschnitt statt. Eine wichtige Transition ist diejenige von der Schule in die Erwerbstätigkeit. Somit spielt insbesondere das Schulwesen eine entscheidende Rolle sowohl für die individuelle Kompetenzentwicklung und soziale Eingebundenheit als auch für die Bereitstellung von Zukunftsmöglichkeiten von Kindern und Jugendlichen. Im Folgenden werden zum einen die Schulsysteme in der Schweiz und in Deutschland einander gegenübergestellt, zum andern die länderspezifischen Angebote für junge Menschen, die keinen nahtlosen Übertritt von Schulabschluss zu beruflicher Weiterqualifikation schaffen.

2.1.1 Schweiz

In der Schweiz wird in der Regel nach elf Jahren der obligatorischen öffentlichen Schule ein nahtloser Übertritt in die zertifizierende Sekundarstufe II angestrebt. Dieser Übergang wird auch als Nahtstelle I bezeichnet. Die Zahlen des Bundesamts für Statistik (2022a) zeigen, dass im Jahr 2017 für 77 % aller Schulabgänger:innen ein sofortiger Übergang in die Sekundarstufe II gelingt. Dieser Anteil stieg in den darauffolgenden drei Jahren auf 96 %. Für 4 %, welche die Schule 2017 abgeschlossen haben, besteht auch nach drei Jahren noch keine Anschlusslösung.

Nach der obligatorischen Schule tritt ein Viertel der Schulabgänger:innen in eine gymnasiale Maturitätsschule über, 6 % besuchen eine Fachmittelschule, 59 % beginnen eine Lehre EFZ und 5,5 % eine EBA-Lehre. Von den übrigen 4,5 %, bei denen der Eintritt in die zertifizierende Sekundarstufe II nicht klappt, besucht die Hälfte ein Übergangsangebot oder ein Motivationssemester (Bundesamt für Statistik, 2022a).

Betrachtet man Schulabgänger:innen, die während ihrer Schulzeit einen individualisierten Lehrplan hatten (etwa sonderpädagogische Massnahmen oder Anpassung der Lernziele in ein oder mehreren Bereichen), zeichnet sich ein anderes Bild ab. Annähernd ein Drittel dieser Jugendlichen verlässt die öffentliche Schule ohne eine Anschlusslösung, 9 % besuchen eine Übergangsausbildung oder ein Motivationssemester (SEMO), und etwas mehr als die Hälfte (60 %) startet eine berufliche Grundausbildung mit dem Ziel, einen eidgenössischen Abschluss zu erlangen (Babel et al., 2016).

Diese Zahlen verdeutlichen, dass Jugendliche, welche den Erwartungen des Schulsystems nicht entsprechen und die Transition von der obligatorischen Schule zu einer zertifizierenden Ausbildung nicht gelingt, deutlich mehr Schwierigkeiten haben.

Gelingen nun diese Übergänge nicht wie erwartet, stehen in der Schweiz unterschiedliche Möglichkeiten zur Verfügung. Diese werden als Zwischenlösungen bezeichnet. Damit sind unter anderem Angebote gemeint, die den Schüler:innen zur Verfügung stehen, welche nach der obligatorischen Schulzeit keine Anschlusslösung haben. Es existiert bisher keine gesamtschweizerische, einheitliche Definition, doch werden darunter etwa Brückenangebote, Motivationssemester, Vorlehren, 10. Schuljahr, Werkjahr, Berufswahljahr oder Berufsvorbereitungsjahr zusammengefasst. Darüber hinaus werden auch privat finanzierte Angebote wie Sprachkurse oder Au-pair-Aufenthalte zu den Zwischenlösungen gezählt (Landert und Eberli, 2015).

Die Zahl der schulischen wie nichtschulischen Zwischenlösungen ist nicht nur gesamthaft betrachtet angestiegen. Die Anbieter öffentlich finanzierter Zwischenlösungen sind vielfältig, neben den öffentlichen Anbietern wie Kantone oder Gemeinden gibt es auch private Institutionen, die ebenfalls über öffentliche Gelder finanziert werden. Die Institutionen sehen ihre Hauptaufgaben in der Regel in den folgenden drei Bereichen (Annen et al., 2010):

- Kompensation: Schulische, sprachliche oder andere Defizite sollen behoben werden.
- Orientierung: Unterstützung in der Wahl der nachobligatorischen Laufbahn
- Systemischer Puffer: Sinnvolle Überbrückung der Phase zwischen zwei Ausbildungsplätzen, die sich nicht nahtlos aneinanderfügen

Mehrheitlich private Schulen bieten ein Zwischenjahr an, um schulische Defizite aufzuarbeiten, damit im Anschluss ein Gymnasium oder eine anspruchsvolle Lehre möglich wird. Bei dieser Variante müssen die Schulgelder von den Eltern übernommen werden. Weshalb Jugendliche und junge Erwachsene (16- bis 29-Jährige) ein Brückenangebot besuchen, wird in den offiziellen Statistiken nicht erfasst. In der Bestandsaufnahme der Zwischenlösungen von Landert und Eberli (2015) wird erwähnt, dass ein Teil der älteren Teilnehmenden ihre Ausbildung abgebrochen haben oder keine Anschlusslösung an die erfolgreich abgeschlossene Lehrstelle finden.

2.1.2 Deutschland

Das deutsche Schul- und Bildungssystem ist komplex und durch die Kulturhoheit der Bundesländer auch nicht einheitlich organisiert. Länderregierungen können somit weitgehend selbständig ihr Bildungssystem gestalten. Es existiert jedoch eine gemeinsame Grundstruktur (Edelstein, 2013):

- Nach dem Primarbereich (1.–4./6. Klasse) erfolgt der Übertritt in den Sekundarbereich I. Dieser schliesst mit einem allgemeinbildenden Schulabschluss ab und berechtigt zum

Besuch unterschiedlicher weiterführender Bildungseinrichtungen. Genannter Bereich fächert sich in verschiedene Schulformen mit unterschiedlichen Abschlüssen auf:

    Haupt-, Realschule und Gymnasium: Hier zielt der Unterricht auf einen bestimmten Abschluss ab.

    Schularten mit zwei Bildungsgängen (Haupt- und Realschulbildungsgang)

    Schularten mit drei Bildungsgängen (Haupt-, Realschul- und Gymnasialbildungsgang)

    Integrierte Gesamtschulen: Hier wird kein bestimmter Bildungsgang besucht, sondern Schüler:innen können fachspezifische Kurse mit unterschiedlichem Anspruchsniveau besuchen.

- Sekundarbereich II: Hier finden sich allgemeinbildende und berufsbezogene Vollzeitschulen sowie die Berufsausbildung im dualen System. In Abhängigkeit des erworbenen Schulabschlusses können folgende Bildungseinrichtungen besucht werden:

    Ein Hauptschulabschluss berechtigt Jugendliche zu einer dualen Berufsausbildung. Voraussetzung dafür ist eine Lehrstelle in einem Betrieb. Gelingt dies nicht, müssen sie – da sie noch schulpflichtig sind – eine berufsvorbereitende Massnahme im Übergangssystem besuchen. In diesem sogenannten Übergangsbereich, erfolgt eine weitere Berufsorientierung, es können bereits erste berufliche Qualifikationen erworben werden oder das Nachholen von Schulabschlüssen wird ermöglicht (Klemm, 2023).

    Jugendlichen mit Mittlerem Schulabschluss (MSA) eröffnen sich mehr Wahlmöglichkeiten: Neben der dualen Berufsausbildung können sie auch eine vollzeitschulische Berufsausbildung aufnehmen und schaffen damit den Zugang zu verschiedenen beruflichen Oberstufentypen wie Fachoberschule (FOS) oder Fachgymnasien sowie zur gymnasialen Oberstufe. Die i. d. R. dreijährigen, beruflich orientierten Bildungswege mit ihren Abschlüssen führen dann zur allgemeinen oder fachgebundenen Hochschulreife und berechtigen damit zur Aufnahme eines Studiums im sog. Tertiärbereich.

    Förderschulen: Schüler:innen mit sonderpädagogischem Förderbedarf können überdies in allen Bereichen ausserhalb des Schulsystems unterrichtet werden. Jedoch zeigt sich, dass die Förderschul-Abschlussquote insgesamt geringer ausfällt als die Abschlussquote bei gemeinsamen, inklusiven Unterrichtsformen (Kemper & Goldan, 2018).

- Tertiärbereich: Hierunter fallen zum einen Universitäten, Fachhochschulen und andere Hochschularten, die zu einem akademischen Abschluss führen. Zum anderen umfasst der Bereich Einrichtungen mit berufsqualifizierenden Studiengängen, Einrichtungen der beruflichen (Weiter-) Bildung und Berufsakademien.

Die Quote der Schüler:innen, die den niedrigsten Schulabschluss (Hauptschulabschluss) verfehlen, stagniert in den letzten zehn Jahren und lag 2021 bundesweit bei 6,2 % der entsprechenden Altersgruppe – dies mit grossen regionalen Unterschieden. 17,9 % der jungen

Erwachsenen zwischen 20 und 34 Jahren verfügten über keine abgeschlossene Berufsausbildung (Klemm, 2023). Männliches Geschlecht (60 %) und ausländische Jugendliche ohne deutschen Pass (13,4 %) sind deutliche Risikofaktoren dafür, keinen Abschluss zu erlangen (Klemm, 2023).

Um eine Berufsausbildung zu erwerben, können junge Menschen in Deutschland entweder eine Ausbildung im dualen System, eine abschlussbezogene berufliche Bildung in Vollzeit oder ein Hochschulstudium beginnen. Fallen diese Optionen weg, bleibt der Weg in den bereits erwähnten Übergangsbereich. Aus einem Bildungsbericht aus dem Jahr 2022 geht hervor, dass 70,1 % der Menschen ohne Hauptschulabschluss in diesen Übergangsbereich wechseln (Autor:innengruppe Bildungsberichterstattung, 2022).

2.2 Psychische Störungen junger Menschen und ihre Folgen

2.2.1 Prävalenzen psychischer Störungen und Risikofaktoren

Das Kindes- und Jugendalter stellt eine besonders vulnerable Phase für die Entwicklung psychischer Störungen dar, die sich mehrheitlich zum ersten Mal in diesem Lebensabschnitt manifestieren (Solmi et al., 2022).

Solmi et al. (2022) stellten in ihrer epidemiologischen Metaanalyse fest, dass bei 34,6 % die erste psychische Störung vor dem 14. Lebensjahr auftritt. Bei fast der Hälfte (48,4 %) treten vor dem 18. Lebensjahr erste Anzeichen einer psychischen Störung auf und bei knapp zwei Dritteln (62,5 %) vor dem 25. Lebensjahr. Diese Altersangaben beziehen sich auf jegliche psychische Störungen. Schaut man sich das jeweilige Auftrittsalter je nach psychischer Störung an, zeigt sich folgendes Bild: das früheste mittlere Erkrankungsalter finden die Autoren für Phobien, Autismus-Spektrum-Störungen und ADHS mit 8 bis 13 Jahren. Danach folgen Anorexia nervosa, Bulimia nervosa, Zwangsstörungen, Binge Eating und Cannabiskonsumstörungen mit 17 bis 22 Jahren. Im jungen Erwachsenenalter werden Schizophrenie, Persönlichkeitsstörungen und Alkoholkonsum (25 bis 27 Jahre) manifest. Posttraumatische Belastungsstörungen, depressive Störungen und bipolare Störungen haben mit 30 bis 35 Jahren den spätesten Onset.

Es muss berücksichtigt werden, dass nur ca. jede fünfte Person im Kindes- und Jugendalter mit einer psychischen Störung eine adäquate professionelle Behandlung erhält (Hintzpeter et al., 2014) und daher darüber hinaus oftmals erst allzu spät diagnostiziert wird. Dies führt zu einem verzögerten Behandlungsbeginn, und entsprechend vergehen von den ersten Symptomen bis zur adäquaten Behandlung durchschnittlich knapp sieben Jahre (vgl. (McGorry et al., 2011). Dabei nimmt das Ausmass der Behandlungsverzögerung zu, je jünger die Patient:innen sind. Dabei ist eine frühe, effektive psychologische Behandlung sowohl zur Entlastung des individuellen Leidensdrucks wie auch hinsichtlich des Risikos der Chronifizierung mit langfristig entstehenden Kosten im Gesundheitssystem von hoher Relevanz.

Nebst der Gefahr einer Chronifizierung sind Menschen mit einer psychischen Störung weiteren Risiken und Beeinträchtigungen ausgesetzt. Die Folgen von psychischen Störungen zeigen sich in erheblichen Einschränkungen in der sozialen, schulischen und beruflichen Integration der Kinder und Jugendlichen sowie in erhöhten Belastungen des familiären, schulischen oder erweiterten sozialen Umfelds (Böge et al., 2019). Weiter haben Menschen mit einer psychischen Störung im Vergleich zur Allgemeinbevölkerung eine um 10 bis 15 Jahre geringere Lebenserwartung (Walker et al., 2015), und psychische Störungen zählen zu den häufigsten Todesursachen weltweit.

Weltweit rangieren die Prävalenzzahlen von psychischen Störungen zwischen 9 % und 22 %. Gemäss internationalen Untersuchungen muss bei etwa 15 % der Jugendlichen in der Bevölkerung aufgrund einer Funktionseinschränkung mit einer behandlungsbedürftigen psychischen Störung gerechnet werden (Steinhausen, 2019). In der Schweiz gibt es keine aktuelle Zahlen, doch von der BELLA- Studie aus Deutschland wissen wir, dass die Prävalenz psychischer Auffälligkeiten bei den 3 bis 17-Jährigen insgesamt 17 % beträgt (Klasen et al., 2017).

2.2.2 Psychische Störungen und ihre Entwicklung während der COVID-19-Pandemie

Die im vorhergehenden Absatz genannten Zahlen haben sich durch den Einfluss der COVID19-Pandemie verändert. Viele Forschende gehen davon aus, dass die dadurch verursachten, abrupten Veränderungen für Kinder und Jugendliche kritische Lebensereignisse bedeuteten, die zu einer Zunahme von psychischen Störungen in dieser Altersspanne geführt haben könnten. Studien aus Deutschland bestätigen, dass sich die Pandemie und ihre Begleitumstände auf die Lebensqualität und das Wohlbefinden von Kindern und Jugendlichen auswirkte und diese vermehrt psychische und psychosomatische Auffälligkeiten zeigten (Langmeyer et al., 2020; Ravens-Sieberer et al., 2021). Davon betroffen waren vor allem Kinder aus sozial benachteiligten, vulnerablen Familien, deren Eltern einen tiefen Bildungsabschluss, mangelnde finanzielle Ressourcen oder beengte Wohnverhältnisse hatten, sowie Familien mit Migrationshintergrund.

In der Schweiz sind die Hospitalisierungen wegen psychischer Störungen bei jungen Menschen zwischen 10 und 24 Jahren im Jahr 2020 um 4 % und 2021 um ganze 17 % angestiegen (Bundesamt für Statistik, 2022c).

Junge Frauen scheinen stärker betroffen zu sein als junge Männer. Bei den jungen Frauen nahmen die Hospitalisierungen wegen psychischen Störungen im Jahr 2021 um 26 % zu, nachdem die Zunahme im Jahr 2020 bereits 6 % betragen hatte. Schauen wir die Gruppe der 10- bis 14- jährigen Mädchen an, so betrug der Anstieg zwischen 2020 und 2021 sogar 52 %. Bei den jungen Männern zwischen 10 und 24 Jahren stieg die Zahl der Hospitalisierungen wegen psychischer Störungen gemässigter (+2 % 2020, +6 % 2021) (Bundesamt für Statistik, 2022c).

Im Vergleich sieht die Entwicklung bei der erwachsenen Bevölkerung weniger alarmierend aus, mit einem Plus von 1 % kumuliert über beide Jahre (Bundesamt für Statistik, 2022c).

2.2.3 Psychische Störungen und berufliche Übergänge

Psychische Störungen können die gesamte Entwicklung von Kindern und Jugendlichen beeinflussen. Übergänge von der obligatorischen zur weiterführenden Schule oder der Übergang ins Berufsleben sind sensible Phasen, in denen sowohl psychische Gesundheitsprobleme als auch geringe Ressourcen die weitere Entwicklung des Individuums negativ beeinflussen können.

Weshalb dieser Übergang nicht gelingt, kann vielfältige Gründe haben. Hakulinen et al. (2019) konnten in ihrer Kohortenstudie feststellen, dass schwere psychische Störungen wie zum Beispiel Schizophrenien oder affektive Störungen zwischen dem 15. und 25. Lebensjahr mit einem erhöhten Risiko verbunden waren, im Alter von 25 bis 50 Jahren keine weiterführende Ausbildung zu besuchen und nicht erwerbstätig zu sein.

Das systematische Review von Roelfs et al. (2011) konnte zeigen, dass Arbeitslosigkeit mit einem erhöhten Sterberisiko verbunden ist, wohingegen Paul und Moser (2009) einen Zusammenhang zwischen Arbeitslosigkeit und einem schlechteren psychischen Gesundheitszustand nachweisen konnten. In einer kanadischen Studie zeigten arbeitslose Jugendliche eine höhere Wahrscheinlichkeit, eine depressive Störung zu entwickeln, berichteten über mehr Ängste und wiesen eine geringere Lebenszufriedenheit aus als Jugendliche, die einer Arbeit nachgingen oder als solche, die weder in der Schule noch als arbeitslos registriert waren (Minh et al., 2020).

In der Schweiz stellten Sabatella und von Wyl (2014) ebenfalls fest, dass der Anteil der psychischen Beeinträchtigungen und Erkrankungen in der Gruppe ohne Anschlusslösung deutlich höher ausfällt als in der Allgemeinbevölkerung.

Ob Jugendliche mit einer psychischen Belastung nun eher gefährdet sind, keine weiterführende Ausbildung verfolgen zu können oder die psychische Belastung erst durch die Erfahrung der Arbeitslosigkeit entsteht, kann letztlich nicht schlüssig beantwortet werden. Für das Erleben der Betroffenen jedoch ist dies zweitrangig. Gelingt die Transition von der Schule ins Erwerbsleben nicht, wird die Erfahrung der Arbeitslosigkeit gemacht, was weitreichende Folgen nach sich ziehen kann. Gemäss Sabatella und von Wyl (ebd.) mag dies zum einen daran liegen, dass eine fehlende Ausbildungsstelle psychisch belastet. Auf der anderen Seite ist davon auszugehen, dass viele junge Menschen mit einer psychischen Erkrankung keine Lehrstelle finden.

2.3 Versorgungssituation junger Menschen mit psychischen Störungen

Neben der Zunahme von Hospitalisierungen, wie im Abschn. 2.2. erläutert, zeichnete sich auch bei den ambulanten Behandlungen der 10- bis 24-Jährigen eine Zunahme ab mit + 4 % im Jahr 2020 und +16 % 2021 (Bundesamt für Statistik, 2022c).

Bleibt eine allfällige Häufung psychischer Erkrankungen letztlich unklar, so zeigt sich doch eine deutliche Zunahme bei der Inanspruchnahme von Unterstützungsangeboten. An dieser Stelle muss betont werden, dass bereits vor der COVID-19-Pandemie ein Anstieg der Überweisungen von Kindern und Jugendlichen an psychiatrische Dienste zu verzeichnen war (Duong et al., 2021). In einer systematischen Übersicht konnten von Wyl et al. (2017) bereits eine bestehende Ressourcenknappheit im kinder- und jugendpsychiatrischen Versorgungssystem aufzeigen.

Trotz der gestiegenen Inanspruchnahme bleiben weiterhin viele Kinder und Jugendliche unbehandelt. Eine rechtzeitig erfolgende Behandlung ist bei psychischen Erkrankungen wie bei anderen Krankheiten jedoch essenziell. Studien zeigen, dass man den Verlauf einer Krankheit beeinflussen kann, wenn man sie frühzeitig und korrekt behandelt sowie eine etwaige Behandlungsverzögerung reduziert (z. B. Chan et al., 2015; Correll et al., 2018).

Obwohl, wie bereits erörtert, die meisten psychischen Störungen vor dem 25. Lebensjahr auftreten, nehmen weniger als zwei Drittel der Jugendlichen und ihre Familien Hilfe in Anspruch (Sadler et al., 2018). Dies kann unterschiedliche Gründe haben wie z. B. Stigmatisierung, Scham, mangelnde Kenntnisse über psychische Gesundheit und verfügbare Hilfestellen (Radez et al., 2021). Doch auch die fehlende subjektive Dringlichkeit oder Notwendigkeit, professionelle Hilfe aufzusuchen, können Hindernisse sein, um Hilfe in Anspruch zu nehmen.

Die unzureichende Inanspruchnahme von Diensten in dieser Lebensphase ist alarmierend, da eine wirksame frühzeitige Behandlung deutlich zur Verringerung der Sterblichkeit und der langfristigen Morbidität wie z. B. vorzeitiger Tod, soziale Isolation, schlechte Funktionsfähigkeit und verminderte schulische und berufliche Produktivität (Gibb et al., 2010; Walker et al., 2015), beiträgt.

Die Meta-Analyse von Solmi et al. (2022) zeigt auf, wie wichtig die Transitionszeit vom Kindes- bis zum Erwachsenenalter für die Prävention und Therapie psychiatrischer Erkrankungen ist. Und wie problembehaftet die künstliche Aufspaltung der Versorgung in Kinder- und Jugendpsychiatrie versus Erwachsenenpsychiatrie ist. Dies zeigt sich einerseits im Behandlungsunterbruch, der entsteht, wenn die Zuständigkeiten ändern. Andererseits zeigt sich das auch im Wechsel des Behandlungsangebot. Bei der Versorgung der Kinder und Jugendlichen werden oft auch entwicklungspsychologische Aspekte mitberücksichtigt und bei der Behandlung die familiären und systemischen Besonderheiten miteinbezogen. Dies steht in der Erwachsenenpsychiatrie nicht mehr im Fokus der Behandlung. Ebenfalls gibt es auch bei den Unterstützungsangeboten Unterschiede.

Transitionspsychiatrische Angebote versuchen den Herausforderungen dieser Übergänge entgegenzuwirken, sodass auch zum Beispiel der Übergang von der Schule in den Arbeitsmarkt besser gelingen kann.

Wie bereits erwähnt, zeigen Untersuchungen, dass psychische Störungen mit einer späteren Beeinträchtigung der Arbeitsleistung assoziiert sind (Nigatu et al., 2015) respektive diesen vorangehen können (O'Donnell et al., 2017). Misslingt nun den psychisch belasteten Jugendlichen und jungen Erwachsenen der Übergang von der Schule in den Arbeitsmarkt, so mündet die berufliche Laufbahn oft in eine Berentung. Diesen Sachverhalt werden wir uns im nächsten Kapitel etwas genauer anschauen.

2.4 Berentungen

In der Schweiz haben Versicherte Anspruch auf Leistungen der Invalidenversicherung (IV), die wegen eines Gesundheitsschadens in ihrer Erwerbstätigkeit oder in ihrem bisherigen Aufgabenbereich teilweise oder ganz eingeschränkt sind. Diese gesundheitliche Einschränkung muss über längere Zeit andauern. Sind Versicherte noch nicht 20 Jahre alt, können diese ebenfalls Leistungen der IV erhalten. Voraussetzung dafür ist die Annahme, dass der Gesundheitsschaden ihre Erwerbstätigkeit voraussichtlich einschränken wird. Diese Leistungen können vielfältige Massnahmen sein, die das Ziel der beruflichen Integration oder der Wiedereingliederung unterstützen. Ein Rentenanspruch besteht ab dem 18. Lebensjahr (AHV- IV, 2022).

Obwohl es der Invalidenversicherung in den letzten Jahren gelungen ist, die Anzahl der Neuberentungen deutlich zu senken, spiegelt sich diese Entwicklung nicht bei den jungen Versicherten wider. Im Gegenteil, die IV-Neuberentungsstatistik zeigt, dass psychische Krankheiten bei krankheitsbedingten Neurenten dominieren. Der Anteil der psychischen Krankheiten hat sich zwischen 2000 und 2021 von 35,6 % auf 48,8 % erhöht. Für Personen im Alter von 18 bis 34 Jahren sind psychische Erkrankungen für über 80 % der krankheitsbedingten Neurenten verantwortlich. Die Neurentenquote stieg zwischen 2016 und 2021 von 0,26 % auf 0,33 % an. Die Altersklasse der 18- bis 24-Jährigen erreichte dabei erstmals das Maximum von 0,38 % (Bundesamt für Statistik, 2022b).

Damit bleiben viele dieser Betroffenen in einem sehr einschneidenden und oftmals langfristigen Ausmass aufgrund psychischer Störungen vom Arbeitsmarkt ausgeschlossen. Die individuellen, gesellschaftlichen und ökonomischen Folgen sind fatal. Denn zum einen darf nicht vergessen werden, dass es sich meist um ganze Renten handelt, die oft langfristig bis zum regulären Rentenalter bezogen werden und damit erhebliche Kosten verursachen. Zum anderen kann eine frühe Ausgliederung aus dem Arbeitsmarkt bzw. eine ausbleibende Eingliederung zu einer Chronifizierung der psychischen Erkrankung beitragen und die Betroffenen sozial destabilisieren. Denn eine Ausgliederung aus dem Arbeitsmarkt bedeutet oft auch eine Ausgliederung aus der Gesellschaft. Weiter führt eine Berentung zu Gesundheitskosten, die auch das das private Umfeld erheblich belasten.

Diese negative Entwicklung ist auch in anderen Ländern zu beobachten (Kaltenbrunner Bernitz et al., 2013), die Gründe dafür sind allerdings weiterhin nicht geklärt. Für die Schweiz konnte gezeigt werden, dass die Arbeitsmarktchancen von schlecht qualifizierten Jugendlichen abgenommen haben: Während gering qualifizierte junge Menschen noch Mitte der 90er-Jahre eine niedrigere Arbeitslosenquote aufwiesen als höher qualifizierte, ist ihre Arbeitslosenrate heute zweimal so hoch wie diejenige der Höherqualifizierten (BSV/OECD, 2014).

Wenn wir nun die bisherigen Daten zusammenfassen, so haben wir psychisch belastete Jugendliche, deren Anteil markant zunimmt, wenn wir die arbeitslosen Jugendlichen mitberücksichtigen (Sabatella & Mirer, 2018; Sveinsdottir et al., 2018). Gleichzeitig ist bei den Neurenten eine Zunahme aufgrund psychischer Beeinträchtigung feststellbar. Es liegt daher nahe, sich damit auseinanderzusetzen, wie Brückenangebote mit psychisch Kranken und belasteten Jugendlichen umgehen.

2.5 «Überforderung» der Motivationssemester: Eine Bedarfsanalyse

Es ist wichtig, Jugendliche mit psychischen Problemen rechtzeitig zu erkennen und sie an wirksame Interventionen heranzuführen, da eine psychische Beeinträchtigung mit schlechteren schulischen Leistungen, Drogenmissbrauch, Gewalt, Gesundheitseinbussen und geringerer Lebenszufriedenheit einhergeht. Dabei spielt das Umfeld, in dem sich die Jugendlichen bewegen, eine entscheidende Rolle. Da Studien zum Umgang von Fachpersonen der Arbeitsintegration mit psychisch belasteten Jugendlichen bisher fehlen, werden wir auf eine andere Berufsgruppe eingehen, die in engem Kontakt mit Jugendlichen steht: die Lehrpersonen.

Lehrpersonen stehen in einem regelmässigen, direkten Kontakt mit Schüler:innen. Gerade diese enge Beziehung ermöglicht es Fachpersonen, Veränderungen und erste Anzeichen von Problematiken wahrzunehmen (Fabian & Müller, 2010).

Loades und Mastroyannopoulou (2010) verdeutlichen im Weiteren den hohen Stellenwert der Lehrkräfte in der Früherkennung von psychischen Auffälligkeiten bei Jugendlichen. Ihrer Studie zufolge sind Lehrpersonen mehrheitlich in der Lage, vorhandene Auffälligkeiten und Probleme zu erkennen und diese auch nach deren Schweregrad einzustufen. Den Lehrkräften wurden Fallvignetten von Kindern mit Verhaltensstörungen oder emotionalen Störungen präsentiert. Dabei zeigte sich, dass die Angaben der Lehrkräfte besonders zutreffend waren, wenn Symptome einer Verhaltensstörung beschrieben wurden, d. h. wenn es sich um sogenannte externalisierende Symptome handelte. Die Ergebnisse verdeutlichten auch, dass emotionale Störungen eher übersehen werden, da die gehäuft damit einhergehenden internalisierenden Symptome weitaus unauffälliger sind. Im Weiteren werden psychische Beeinträchtigungen öfter und zutreffender bei Jungen als bei Mädchen erkannt.

Nebst den genannten Kompetenzen seitens Lehrkräften bestehen jedoch auch Herausforderungen und offene Punkte, die es noch zu klären gilt. Die Lehrpersonen und ihre Rolle können nicht völlig losgelöst von der jeweiligen Institution, in der sie arbeiten, betrachtet werden. Auf einer übergeordneten Ebene benötigt es einheitliche Regeln, eine gemeinsame «pädagogische Haltung», etwa wie im Fall von längerem Fernbleiben von der Schule oder bei Anzeichen von Verhaltensauffälligkeiten zu reagieren ist. Ebenso muss Klarheit darüber bestehen, inwieweit die Früherkennung und -intervention zum Aufgabengebiet der Lehrkräfte gehört. Mit klar geregelten Zuständigkeitsbereichen können Lehrpersonen durch das Einüben von definierten Abläufen ihre Handlungssicherheit und -kompetenz weiter stärken und dadurch gefährdete Jugendliche noch besser unterstützen (Fabian & Müller, 2010).

Weitere Untersuchungen haben auch gezeigt, dass Lehrpersonen sich im Umgang mit psychischen Auffälligkeiten oft am wenigsten sicher fühlen (Rothì et al., 2008), und dass es ihnen an Wissen und Ausbildung mangelt (Reinke et al., 2011).

Schliesslich sind zeitliche Ressourcen ein wichtiger kontextbezogener Faktor (Powers et al., 2010). Zeitknappheit in den Psychiatrischen Diensten können eine Fallbearbeitung verzögern, wodurch Lehrpersonen und Schüler:innen sich selbst überlassen bleiben, während sie auf Hilfe und Unterstützung warten. Im Schulbetrieb führen zeitliche Engpässe bei den Lehrkräften zu Frustration und dem Gefühl der Unzulänglichkeit, da die Kluft zwischen dem grossen Unterstützungsbedarf der einzelnen Schüler:innen und den eigenen begrenzten Möglichkeiten, diese Unterstützung im Rahmen ihres hektischen Tagesablaufs zu leisten, wahrgenommen wird (Poulou & Norwich, 2002).

Wie eingangs erwähnt, existieren bisher keine Daten zu Ressourcen und Herausforderungen von Fachpersonen der Arbeitsintegration. In der Schweiz wurde jedoch 2019 eine Bedarfsanalyse durchgeführt (von Wyl et al., 2020). Dabei wurde der geschätzte Anteil von psychisch belasteten Teilnehmenden erhoben, ob diese bereits therapeutisch betreut waren und als wie notwendig ein niederschwelliges, psychotherapeutisches Angebot erachtet wurde. Befragt wurden Fachpersonen der Brückenangebote, Motivationssemester und der Arbeitsintegration. Angeschrieben wurden insgesamt 98 Institutionen, wobei die Fachpersonen, die in Kontakt mit den Jugendlichen und jungen Erwachsenen im Altersbereich von 16 bis 29 Jahren in Kontakt standen, gebeten wurden, an der Befragung teilzunehmen. Die Umfrage wurde von 70 Fachpersonen beantwortet.

Es zeigte sich, dass die Jugendlichen und jungen Erwachsenen die Zwischenlösungsangebote besuchten, weil sie in erster Linie keine Lehrstelle gefunden hatten oder noch unentschlossen in der Berufswahl waren. Erst an dritter Stelle wurde angegeben, dass in den Zwischenlösungen die schulischen Defizite aufgearbeitet werden sollten.

Wenn wir nun die Antworten der Fachpersonen unterteilen in Jugendliche und junge Erwachsene, sehen wir einige Unterschiede in ihren Einschätzungen. Rund die Hälfte aller Fachpersonen gab an, dass bis zu einem Viertel der 16- bis 18-jährigen Teilnehmenden ihres Angebots eine psychische Störung oder Auffälligkeit aufwiesen. Nur 8 % der Fachpersonen schätzten, dass bei ihren jungen Teilnehmenden keine psychische Auffälligkeit oder Störung vorlag. Bei den männlichen Jugendlichen lag die Beurteilung etwas höher: Da gaben die Fachpersonen an, dass beinahe die Hälfte an einer psychischen Störung oder Auffälligkeit litt.

Betrachten wir nun die jungen Erwachsenen, also die Gruppe zwischen 19 und 29 Jahren, so schätzt ein Drittel der Fachpersonen, dass ihre Teilnehmenden in dieser Alterskategorie keine psychischen Störungen oder Auffälligkeiten aufwiesen. Ein Drittel der Fachpersonen glaubte, dass bis zu einem Viertel oder sogar bis zur Hälfte der jungen Erwachsenen eine psychische Störung oder Auffälligkeit zeigte.

Die zukünftige Vermittelbarkeit der psychisch auffälligen Teilnehmenden wurde beinahe einstimmig als schwieriger eingestuft als bei denjenigen ohne psychische Auffälligkeiten. Diese psychischen Auffälligkeiten bzw. Störungen wurden in der Regel von den Fachpersonen direkt mit der betroffenen Person besprochen. Auch wurde angegeben, dass externe psychologische Unterstützung, Coaching-Angebote, medizinische oder psychiatrische Hilfe oft begleitend zur Verfügung standen. Über die Hälfte der befragten Fachpersonen schätzte jedoch die Akzeptanz der Teilnehmenden gegenüber diesen Angeboten als mässig ein.

Nachdem die Ist-Situation erhoben wurde, wurden Fragen zu möglichen Lösungsansätzen gestellt. Über 80 % der Befragten bejahten die Frage, ob sich durch ein niederschwelliges psychotherapeutisches Angebot die Vermittelbarkeit der Teilnehmenden steigern liesse. 38 % der Fachpersonen wünschten sich eine interne psychologische Unterstützung, und beinahe gleich viele ein externes psychologisches oder Coaching-Angebot.

Ausserdem gaben zwei Drittel der Fachpersonen (44 % «manchmal»; 23 % «oft») an, die Möglichkeit, sich in Bezug auf arbeitsbezogene Herausforderungen psychologische Unterstützung zu holen, zu befürworten.

Die Ergebnisse bestätigen bisherige Forschungsresultate: Fachpersonen in der Arbeitsintegration nehmen ihre jugendlichen Teilnehmenden heutzutage häufig als psychisch auffällig wahr. Dies lässt den Schluss zu, dass Fachpersonen vermehrt mit herausfordernden Themen in ihrem Arbeitsalltag konfrontiert sind, die weit über ihre Kernaufgaben hinausgehen. Dies widerspiegelt sich nicht zuletzt in dem Bedürfnis, sich psychologisch hinsichtlich Arbeitsproblematiken beraten zu lassen.

Abschliessend lässt sich sagen, dass in den Zwischenlösungen ein insgesamt unbefriedigender Zustand in Bezug auf psychische Auffälligkeiten oder psychische Störungen besteht. Auch seitens Politik wird aktuell wenig unternommen, um der beträchtlichen Belastung der Fachpersonen in den Zwischenlösungen entgegenzukommen.

Wie in diesem Kapitel erörtert wurde, haben wir auf der einen Seite eine psychisch belastete Gruppe von Jugendlichen und jungen Erwachsenen, die aus unterschiedlichen Gründen nicht immer adäquat versorgt werden kann. Auf der anderen Seite stehen Fachpersonen, die immer häufiger mit dieser Herausforderung konfrontiert werden und einen Umgang damit finden sollen. Diese Tatsachen unterstreichen das Bedürfnis nach niederschwelliger psychotherapeutischer Unterstützung im in den Übergangsangebote zwischen Schule und Beruf. Mit «inklusiv plus», welches in den nächsten Kapiteln eingeführt wird, soll ein Projekt vorgestellt werden, welches versucht ein Teil dieser Herausforderungen zu lösen.

Literatur

AHV-IV (2022). Leistungen der Invalidenversicherung. https://www.ahv-iv.ch/p/4.01.d

Annen, L., Cattaneo, M. A., Denzler, S., Diem, A., Grossenbacher, S., Hof, S., Kull, M., Vögeli-Mantovani, U., & Wolter, S. C. (2010). *Bildungsbericht Schweiz 2010*. Aarau: Schweizerische Koordinationsstelle für Bildungsforschung.

Autor: innengruppe Bildungsberichterstattung. (2022). *Bildung in Deutschland 2022: Ein indikatorengestützter Bericht mit einer Analyse zum Bildungspersonal*. wbv Publikation.

Babel, J., Lagana, F., & Gaillard, L. (2016). *Der Übergang am Ende der obligatorischen Schule*. Neuchâtel: Bundesamt für Statistik.

Böge, I., Schepker, R., & Fegert, J. M. (2019). Aufsuchende Behandlungsformen für psychisch kranke Kinder und Jugendliche. *Bundesgesundheitsblatt-Gesundheitsforschung-Gesundheitsschutz, 62*(2), 195–204.

Bundesamt für Statistik. (2022a). *Der Übergang am Ende der obligatorischen Schule—2017–2020*. https://www.bfs.admin.ch/asset/de/23487437

Bundesamt für Statistik. (2022b). *IV-Statistik 2021*. https://www.bsv.admin.ch/bsv/de/home/sozialversicherungen/iv/statistik.html

Bundesamt für Statistik, (2022c). Behandlung von psychischen Störungen bei jungen Menschen, 2020 und 2021. https://www.bfs.admin.ch/bfs/de/home/statistiken/kataloge-datenbanken.assetdetail.23605658.html

Chan, S., So, H., Hui, C., Chang, W., Lee, E., Chung, D., Tso, S., Hung, S., Yip, K., & Dunn, E. (2015). 10-year outcome study of an early intervention program for psychosis compared with standard care service. *Psychological Medicine, 45*(6), 1181–1193.

Correll, C. U., Galling, B., Pawar, A., Krivko, A., Bonetto, C., Ruggeri, M., Craig, T. J., Nordentoft, M., Srihari, V. H., & Guloksuz, S. (2018). Comparison of early intervention services vs treatment as usual for early-phase psychosis: A systematic review, meta-analysis, and meta-regression. *JAMA Psychiatry, 75*(6), 555–565.

Duong, M. T., Bruns, E. J., Lee, K., Cox, S., Coifman, J., Mayworm, A., & Lyon, A. R. (2021). Rates of mental health service utilization by children and adolescents in schools and other common service settings: A systematic review and meta-analysis. *Administration and Policy in Mental Health and Mental Health Services Research, 48*(3), 420–439. https://doi.org/10.1007/s10488-020-01080-9

Edelstein, B. (2013, 23.07.). Das Bildungssystem in Deutschland. Verfügbar unter: https://www.bpb.de/themen/bildung/dossier-bildung/163283/das-bildungssystem-in-deutschland/ (14.05.2023).

Erikson, E. H. (1998). *Jugend und Krise: Die Psychodynamik im sozialen Wandel*. Klett-Cotta.

Fabian, C., & Müller, C. (2010). *Früherkennung und Frühintervention in Schulen*. Lessons learned. Radix.

Gibb, S. J., Fergusson, D. M., & Horwood, L. J. (2010). Burden of psychiatric disorder in young adulthood and life outcomes at age 30. *The British Journal of Psychiatry, 197*(2), 122–127.

Hakulinen, C., Elovainio, M., Arffman, M., Lumme, S., Pirkola, S., Keskimäki, I., Manderbacka, K., & Böckerman, P. (2019). Mental disorders and long-term labour market outcomes: Nationwide cohort study of 2 055 720 individuals. *Acta Psychiatrica Scandinavica, 140*(4), 371–381.

Havighurst, R. J. (1972). *Developmental tasks and education*. David McKay Company.

Hintzpeter, B., Metzner, F., Pawils, S., Bichmann, H., Kamtsiuris, P., Ravens-Sieberer, U., Klasen, F., & BELLA Study Group. (2014). Inanspruchnahme von ärztlichen und psychotherapeutischen Leistungen durch Kinder und Jugendliche mit psychischen Auffälligkeiten. *Kindheit und Entwicklung, 24*, 229–238.

Kaltenbrunner Bernitz, B., Grees, N., Jakobsson Randers, M., Gerner, U., & Bergendorff, S. (2013). Young adults on disability benefits in 7 countries. *Scandinavian Journal of Public Health, 41*(12_suppl), 3–26.

Kemper, T. & Goldan, J. (2018). Schulerfolg von Schülerinnen und Schülern mit sonderpädagogischem Förderbedarf. *Zeitschrift für Heilpädagogik, 69*(8), 361–372.

Klasen, F., Meyrose, A.-K., Otto, C., Reiss, F., & Ravens-Sieberer, U. (2017). Psychische Auffälligkeiten von Kindern und Jugendlichen in Deutschland. *Monatsschrift Kinderheilkunde, 165*(5), 402–407.

Klemm, K. (2023). *Jugendliche ohne Hauptschulabschluss. Demographische Berknappung und qualifikatorische Vergeidung*. Bertelsmann-Stiftung. https://doi.org/10.11586/2023005

Landert, C., Eberli, D., & Partner, L. B. (2015). Bestandsaufnahme der Zwischenlösungen an der Nahtstelle I: Bericht: im Auftrag des Staatssekretariats für Bildung, Forschung und Innovation (SBFI); Charles Landert und Daniela Eberli.

Langmeyer, A., Guglhör-Rudan, A., Naab, T., Urlen, M., & Winklhofer, U. (2020). Kind sein in Zeiten von Corona. Ergebnisbericht zur Situation von Kindern während des Lockdowns im Frühjahr 2020. *Bericht des Deutschen Jugendinstituts*.

Loades, M. E., & Mastroyannopoulou, K. (2010). Teachers' recognition of children's mental health problems. *Child and Adolescent Mental Health, 15*(3), 150–156.

McGorry, P. D., Purcell, R., Goldstone, S., & Amminger, G. P. (2011). Age of onset and timing of treatment for mental and substance use disorders: Implications for preventive intervention strategies and models of care. *Current Opinion in Psychiatry, 24*, 301–306.

Minh, A., O'Campo, P., Guhn, M., & McLeod, C. B. (2020). Out of the labour force and out of school: A population-representative study of youth labour force attachment and mental health. *Journal of Youth Studies, 23*(7), 853–868.

Nigatu, Y. T., Reijneveld, S. A., Penninx, B. W., Schoevers, R. A., & Bültmann, U. (2015). The longitudinal joint effect of obesity and major depression on work performance impairment. *American Journal of Public Health, 105*(5), e80–e86.

O'Donnell, L. A., Deldin, P. J., Grogan-Kaylor, A., McInnis, M. G., Weintraub, J., Ryan, K. A., & Himle, J. A. (2017). Depression and executive functioning deficits predict poor occupational functioning in a large longitudinal sample with bipolar disorder. *Journal of Affective Disorders, 215*, 135–142.

OECD (2014). *Psychische Gesundheit und Beschäftigung Schweiz. Bericht im Rahmen des zweiten mehrjährigen Forschungsprogramms zu Invalidität und Behinderung (FoP2iV)*. Bern: Bundesamt für Sozialversicherungen BSV.

Paul, K. I., & Moser, K. (2009). Unemployment impairs mental health: Meta-analyses. *Journal of Vocational Behavior, 74*(3), 264–282.

Poulou, M., & Norwich, B. (2002). Cognitive, emotional and behavioural responses to students with emotional and behavioural difficulties: A model of decision-making. *British Educational Research Journal, 28*(1), 111–138.

Powers, J. D., Bower, H. A., Webber, K. C., & Martinson, N. (2010). Promoting school-based mental health: Perspectives from school practitioners. *Social Work in Mental Health, 9*(1), 22–36.

Radez, J., Reardon, T., Creswell, C., Lawrence, P. J., Evdoka-Burton, G., & Waite, P. (2021). Why do children and adolescents (not) seek and access professional help for their mental health problems? A systematic review of quantitative and qualitative studies. *European Child & Adolescent Psychiatry, 30*(2), 183–211. https://doi.org/10.1007/s00787-019-01469-4.

Ravens-Sieberer, U., Kaman, A., Otto, C., Adedeji, A., Napp, A.-K., Becker, M., Blanck-Stellmacher, U., Löffler, C., Schlack, R., Hölling, H., Devine, J., Erhart, M., & Hurrelmann, K. (2021). Seelische Gesundheit und psychische Belastungen von Kindern und Jugendlichen in der ersten Welle der COVID-19-Pandemie – Ergebnisse der COPSY-Studie. *Bundesgesundheitsblatt – Gesundheitsforschung – Gesundheitsschutz, 64*(12), 1512–1521. https://doi.org/10.1007/s00103-021-03291-3

Reinke, W. M., Stormont, M., Herman, K. C., Puri, R., & Goel, N. (2011). Supporting children's mental health in schools: Teacher perceptions of needs, roles, and barriers. *School Psychology Quarterly, 26*(1), 1.

Roelfs, D. J., Shor, E., Davidson, K. W., & Schwartz, J. E. (2011). Losing life and livelihood: A systematic review and meta-analysis of unemployment and all-cause mortality. *Social Science & Medicine, 72*(6), 840–854.

Rothì, D. M., Leavey, G., & Best, R. (2008). On the front-line: Teachers as active observers of pupils' mental health. *Teaching and Teacher Education, 24*(5), 1217–1231.

Sabatella, F., & Mirer, A. (2018). Arbeitslosigkeit und psychische Belastung. In *Jugendliche im Übergang zwischen Schule und Beruf: Psychische Belastungen und Ressourcen* (S. 59–73). Springer.

Sabatella, F., & Von Wyl, A. (2014). *Pilotprojekt Integration arbeitsloser Jugendlicher und junger Erwachsener Forschungsbericht*. Zürich ZHAW.

Sadler, K., Vizard, T., Ford, T., Marchesell, F., Pearce, N., Mandalia, D., Davis, J., Brodie, E., Forbes, N., & Goodman, A. (2018). *Mental health of children and young people in England*, 2017.

Solmi, M., Radua, J., Olivola, M., Croce, E., Soardo, L., Salazar de Pablo, G., Il Shin, J., Kirkbride, J. B., Jones, P., Kim, J. H., Kim, J. Y., Carvalho, A. F., Seeman, M. V., Correll, C. U., & Fusar-Poli, P. (2022). Age at onset of mental disorders worldwide: Large-scale meta-analysis of 192 epidemiological studies. *Molecular Psychiatry, 27*(1), 281–295. https://doi.org/10.1038/s41380-021-01161-7

Steinhausen, H.-C. (2019). *Psychische Störungen bei Kindern und Jugendlichen: Lehrbuch der Kinder-und Jugendpsychiatrie und-psychotherapie*. Elsevier Health Sciences.

Sveinsdottir, V., Eriksen, H. R., Baste, V., Hetland, J., & Reme, S. E. (2018). Young adults at risk of early work disability: Who are they? *BMC Public Health, 18*(1), 1–12.

von Wyl, A., Howard, E. C., Bohleber, L., & Haemmerle, P. (2017). *Psychische Gesundheit und Krankheit von Kindern und Jugendlichen in der Schweiz: Versorgung und Epidemiologie*. Eine systematische Zusammenstellung empirischer Berichte von 2006 bis 2016.

von Wyl, A., Sabatella, F., & Sieber, M. (2020). *Situationsanalyse in Brückenangeboten, Motivationssemestern und Arbeitsintegration* [Working Paper].

Walker, E. R., McGee, R. E., & Druss, B. G. (2015). Mortality in mental disorders and global disease burden implications: A systematic review and meta-analysis. *JAMA Psychiatry, 72*(4), 334–341.

Dr. Filomena Sabatella ist Kinder- und Jugendpsychotherapeutin und co-leitet die Fachgruppe Klinische Psychologie im Kindes. und Jugendalter an der ZHAW Zürcher Hochschule für Angewandte Wissenschaften. In Ihrer Forschung setzt sie sich mit Übergängen in der Berufsbildung und mit Interventionsprogrammen für psychisch belastete Jugendliche auseinander und verfügt hier über langjährige Erfahrung.

Prof. Dr. Sabine Loos ist als Professorin für Psychologie an der Hochschule Macromedia und in eigener Praxis als Psychotherapeutin in Ulm tätig. Sie verfügt über einen langjährigen Forschungshintergrund im Bereich der Versorgungsforschung, unter anderem hat sie sich vertieft mit der psychischen Gesundheit von Jugendlichen und jungen Erwachsenen auseinandergesetzt.

Prof. Dr. Agnes von Wyl ist Professorin für Klinische Psychologie und Leiterin des Zentrums Klinische Psychologie und Gesundheitspsychologie an der ZHAW Zürcher Hochschule für Angewandte Wissenschaften. Sie ist eidgenössisch anerkannte psychoanalytische Psychotherapeutin in eigener Praxis in Zürich. In Lehre und Forschung liegen ihre Schwerpunkte in den Bereichen der Psychotherapieforschung, Säuglings- und Kleinkindforschung sowie Adoleszenz und Emerging Adulthood.

Ran Wehrli, MSc., lehrt und forscht an der Zürcher Hochschule für Angewandte Wissenschaften ZHAW. Zudem befindet er sich in fortgeschrittener psychotherapeutischer Weiterbildung und promoviert im Bereich der Gruppenpsychotherapieforschung, der Gesundheitsförderung und Arbeitsintegration von belasteten Jugendlichen und jungen Erwachsenen.

3. Therapiekonzept «inklusiv plus»

Agnes von Wyl, Filomena Sabatella und Sabrina Hösli-Leu

Inhaltsverzeichnis

3.1 Psychotherapie für Jugendliche und junge Erwachsene 33
3.2 Gruppentherapie im nicht-klinischen Setting der Arbeitsintegration 35
3.3 Umsetzung des therapeutischen Angebotes 40
3.4 Abschliessende Bemerkungen 42
Literatur 43

3.1 Psychotherapie für Jugendliche und junge Erwachsene

Das Jugendalter ist ein Lebensabschnitt, in dem spezifische Entwicklungsschritte und Entwicklungsaufgaben bewältigt werden müssen und es bedeutet auch eine spezifische Art der Denkens und Fühlens (s. Kap.1, Entwicklungspsychologische Grundlagen). Eine psychotherapeutische Fachperson, die mit Jugendlichen arbeitet, muss also das Jugendalter kennen. Insbesondere werden auch soziale und gesellschaftliche Erwartungen an die Jugendlichen gestellt wie z. B. die Entwicklung einer gefestigten Identität, eine zunehmende Autonomie und Ablösung vom Elternhaus, ein vertieftes Eingehen von Peerbeziehungen, eine (erste) romantische Beziehung und die Etablierung von beruflichen

A. von Wyl (✉) · F. Sabatella · S. Hösli-Leu
Psychologisches Institut, ZHAW Zürcher Hochschule für Angewandte Wissenschaften, Zürich, Schweiz
E-Mail: agnes.vonwyl@zhaw.ch

F. Sabatella
E-Mail: filomena.sabatella@zhaw.ch

Perspektiven (z. B. Knafla et al., 2016). Jugendliche sind gefordert, diese Erwartungen und eigene Veränderungen in ein positives Selbstbild zu integrieren. So gilt denn auch die Entwicklung einer eigenen Identität in vielerlei Hinsicht als wichtigste Entwicklungsaufgabe des Jugendalters (Erikson, 1998). Eine eigene Identität hilft, sich gegenüber den Normen und Erwartungen anderer abzugrenzen, sich sowohl als Teil einer Gruppe als auch als Individuum zu verstehen und damit auch eigenen Bedürfnissen gerecht zu werden (Knafla et al., 2016). Widersprüche zwischen der eigenen Identität und den sozialen Ansprüchen, sich in die Familie, in den Freundeskreis oder in andere soziale Gruppen wie die Arbeitswelt einzufügen, können als belastend erlebt werden. Durch die Bearbeitung und Reflexion dieser Spannungsfelder gelingt es den Jugendlichen und jungen Erwachsenen, ihre eigene persönliche Identität zu gestalten.

Um diese Entwicklungsschritte machen zu können, brauchen die Jugendlichen manchmal soziale Ressourcen im Sinne von Rat und Unterstützung von Eltern, Geschwistern, Peers oder auch Institutionen wie Schule und Beratungsdienste. Nebst diesen Angeboten kann eine Gruppentherapie eine äusserst gute Möglichkeit sein, Identitätsprozesse zu reflektieren und die persönliche und soziale Identität voneinander abzugrenzen. Dabei spielen neben der Gruppenleitung die anderen Gruppenmitglieder oder Peers, wie wir sie nennen werden, eine wichtige Rolle. Insofern passt dieser Therapieansatz sehr zum Jugendalter.

Damit Jugendliche Hilfs- und Beratungsangebote wahrnehmen, müssen diese niederschwellig sein (Sabatella & von Wyl, 2014). Dies gilt insbesondere für psychotherapeutische Angebote. Jugendliche warten in der Regel zu lange, bis sie professionelle psychotherapeutische oder psychiatrische Hilfe in Anspruch nehmen. Ein wichtiger hinderlicher Faktor ist hierbei die Angst vor Stigmatisierung. Oft fehlt auch die nötige Einsicht, überhaupt Hilfe zu benötigen. Weiter kann die Motivation fehlen, therapeutische Hilfe in Anspruch zu nehmen, da die Inanspruchnahme mit dem Bedürfnis der Jugendlichen nach sozialer Akzeptanz durch Gleichaltrige und nach Autonomie sowie mit ihrem hohen Mass an Selbstvertrauen bei der Lösung von Problemen im Widerspruch steht (Gulliver et al., 2010). Im Projekt «inklusiv plus» wurde die Niederschwelligkeit durch verschiedene Rahmenbedingungen gefördert. Das Gruppenangebot fand vor Ort im Motivationssemester oder Arbeitsintegrationsprogramm statt, um die Wege kurz zu halten. Auch wurde das Gruppenangebot vorher den Jugendlichen vorgestellt, entweder bei einer allgemeinen Einführung oder spezifisch durch die Berufscoaches. Die Jugendlichen konnten jederzeit in die Gruppentherapie eintreten, sofern ein Platz vorhanden war.

In der therapeutischen Arbeit mit Jugendlichen und jungen Erwachsenen ist die therapeutische Beziehung ebenso wichtig wie in der Therapie mit erwachsenen Personen, aber oft herausfordernd herzustellen. Junge Menschen werden in der Regel von anderen (Eltern, Familie oder Schule) an eine Behandlung verwiesen und suchen selten selbst eine Therapie auf. Die Forschungsliteratur weist einen eher kleinen, aber eindeutigen Zusammenhang zwischen der therapeutischen Beziehung und dem Therapie-Outcome nach (Cirasola & Midgley, 2023). Die noch grössere Bedeutung einer guten therapeutischen Beziehung dürfte in der Verhinderung von Therapieabbrüchen liegen. Dabei ist nicht ein perfektes Verstehen und Übereinstimmen das Wichtigste einer guten therapeutischen Beziehung. Wenn die Jugendlichen die Erfahrung machen, dass die therapeutische Fachperson verlässlich die Beziehung aufrechterhält – gerade auch bei Differenzen und Beziehungskonflikten – und immer wieder versucht, sie zu verstehen, können sie Vertrauen entwickeln (Fonagy & Allison, 2014). Dies bildet die Grundlage für die Kooperation und das Engagement in der Gruppe.

3.2 Gruppentherapie im nicht-klinischen Setting der Arbeitsintegration

3.2.1 Entwicklung und Forschung zu Gruppentherapie bei Jugendlichen

Gruppentherapie mit Jugendlichen und jungen Erwachsenen wird seit vielen Jahrzehnten entwickelt, beforscht und für verschiedenste Anwendungsgebiete angepasst. Sie ist methodisch vielfältig und kommt in ganz unterschiedlichen Settings zur Anwendung. Gruppeninterventionsansätze für Jugendliche werden aber auch zunehmend spezifischer, unter anderem bezüglich Alter, zugrunde liegender Störungen bzw. Fragestellungen (Strauss & Mattke, 2018). Warschburger (2006) unterscheidet denn auch zwei Konzepte der Gruppentherapie mit Jugendlichen: konflikt-, beziehungs- und interaktionsorientierte sowie störungs-, methoden- und einzelfallorientierte Psychotherapiegruppen. Das Gruppentherapie-Angebot von «inklusiv plus» entsprach mehrheitlich dem ersten Konzept und war somit überwiegend konflikt-, beziehungs- und interaktionsorientiert. Die Gruppen von «inklusiv plus» waren in Bezug auf die psychischen Voraussetzungen der Teilnehmenden sehr heterogen zusammengesetzt, gleichzeitig aber äusserst homogen in Bezug auf das Hauptthema, nämlich die berufliche Integration. Setzte die Gruppenleitung die genannten therapeutischen Strategien gezielt und situationsadäquat ein, konnte sie flexibel auf die unterschiedlichen Teilnehmenden der Gruppe eingehen und gleichzeitig auch die Gruppe als Ganzes im Auge behalten und deren Entwicklungsmöglichkeiten fördern.

In der klinischen Praxis ist der amerikanische Psychotherapeut Irvin Yalom vielleicht der meistgelesene Autor (1970/2007). Die von ihm formulierten, breit anerkannten elf Wirkfaktoren erachten wir auch für die Gruppentherapie mit Jugendlichen als hilfreich. Es sind dies: Hoffnung erfüllen, Universalität des Leidens, Mitteilung von Informationen, Altruismus, korrigierende Rekapitulation der eigenen Familiengruppe, Techniken des mitmenschlichen Umgangs, nachahmendes Verhalten, interpersonelles Lernen, Gruppenkohäsion, Katharsis und existentielle Faktoren. Ausserdem kann man von einer eindeutigen Wirksamkeit von Gruppenpsychotherapie ausgehen, wie systematische Übersichtsarbeiten zur Effektivität zeigen (DeLucia-Waack et al., 2004; Burlingame et al., 2004; Burlingame et al., 2012). Im Vergleich zu Einzeltherapien erreichen Gruppenpsychotherapien mit Erwachsenen gleiche oder zumindest nur wenig geringfügige Unterschiede in den Effekten (Barlow et al., 2005). Auch bei Gruppenpsychotherapie für Jugendliche kann von einer hohen Wirksamkeit ausgegangen werden. Die Wirkfaktoren bleiben allerdings genauer zu untersuchen (Hoag & Burlingame, 1997).

Spezifisch für Gruppentherapie mit Jugendlichen ist, dass adoleszenztypische Entwicklungsziele wie Ablösung von den Eltern und die Etablierung neuer Beziehungsformen in der Gruppensituation im Austausch mit Gleichaltrigen besonders hilfreich zu thematisieren und durchzuarbeiten sind (Stippel & Lehmkuhl, 2012). Themen wie Persönlichkeitsentwicklung und Identitätsbildung können Jugendliche in einem geschützten Gruppenrahmen angstfreier besprechen als allein im therapeutischen Einzelsetting. In der Gruppentherapie können Gleichaltrige unmittelbar und direkt miteinbezogen werden, etwa in der Reflexion von Stärken, in der Bitte um Feedback an einen Jugendlichen oder als Mitwirkende bei Rollenspielen. Zudem können die Gruppenmitglieder auch Unterstützung ausserhalb der Gruppentreffen bieten (Knafla et al., 2016).

Für die psychotherapeutische Arbeit mit Jugendlichen in Motivationssemestern und in Arbeitsintegrationsprogrammen bietet eine Gruppentherapie noch weitere Vorteile. Zum einen zeigen viele dieser Jugendlichen interaktionelle Schwierigkeiten, einige sind sehr schüchtern und können sich nicht behaupten, andere sind impulsiv oder können sich nicht einordnen. Zum andern sind alle diese Jugendlichen in der gleichen Lage: Sie haben einen wichtigen Schritt – den Übertritt in eine weiterführende Schule oder eine Berufslehre – nicht geschafft. Diese Erfahrung können sie teilen, sie können sich gegenseitig helfen. Und sie gehen diesbezüglich in der Regel respekt- und verständnisvoll miteinander um, da alle dieselbe Erfahrung machten.

Es ist nicht genug zu betonen: das Therapiekonzept des Gruppenangebots «inklusiv plus» hat das übergeordnete Ziel, die Integration der Jugendlichen und jungen Erwachsenen in den Arbeitsmarkt zu unterstützen. Durch die Gruppentherapie können Ressourcen aktiviert und gestärkt werden. Weiter bietet sie Raum, um Probleme und Herausforderungen zu bearbeiten. Die Teilnehmenden können sich mit ihren Entwicklungsthemen auseinandersetzen, neue Rollen ausprobieren sowie die Selbst- und Fremdwahrnehmung stärken. Je nach Bedarf können die Gruppensitzungen auch psychoedukative und störungsspezifische Elemente enthalten. Damit kann u. a. die Gesundheitskompetenz entwickelt und gestärkt werden, welche für die Inanspruchnahme von Hilfe bei Schwierigkeiten relevant ist (Wei et al., 2015). Die Jugendlichen und jungen Erwachsenen sollen über ihre Entwicklungsthemen und Probleme sprechen können, nach Lösungen suchen und anderen bei der Lösungsfindung helfen. Die Gruppenmitglieder können entscheiden, welche Themen sie bearbeiten möchten. Dadurch werden Autonomie und Selbstwert gefördert. Es soll sich eine Peerkultur entwickeln, in der sich die Teilnehmenden gegenseitig unterstützen. So erfahren die Teilnehmenden Wertschätzung und Selbstwirksamkeit, welche als wichtige Faktoren für die Aufnahme – oder manchmal auch Wiederaufnahme – einer Arbeitstätigkeit angenommen werden (Black et al., 2018).

Die Gruppentherapie soll den Prozess der Arbeitsintegration begünstigen, indem Ressourcen aktiviert, Selbstwert und Selbstwirksamkeit gestärkt, soziale und gesundheitsbezogene Kompetenzen gefördert, Beziehungen aufgebaut und psychische Erkrankungen thematisiert werden. Da auch Konflikte im Motivationssemester bzw. Arbeitsintegrationsprogramm thematisiert und bearbeitet werden, unterstützt das Gruppenangebot somit ganz direkt die Teilnahme am Programm allgemein und beugt so Abbrüchen vor. Die Ziele der Gruppentherapie „inklusiv plus" sind in Abb. 3.1 ausformuliert.

3.2.2 Therapeutische Inhalte von «inklusiv plus»

Das Therapiekonzept von «inklusiv plus» orientiert sich stark am Ansatz von «Positive Peer Culture» (z. B. Vorrath & Brendtro, 2013), der auf die Stärkung der Resilienz der Jugendlichen abzielt. Weiter wird ein mentalisierungsbasierter Psychotherapieansatz verfolgt. Das therapeutische Konzept wird abgerundet durch psychoedukative Elemente. In Abb. 3.2 wird dies zusammenfassend dargestellt.

«Positive Peer Culture» (PPC)
Der ursprüngliche PPC-Ansatz formuliert als Ziel, für Jugendliche Orte zu schaffen, die positive Aktivitäten fordern und fördern. Bei PPC geht es im Kern um regelmässige Treffen einer Gruppe von Jugendlichen, welche durch eine erwachsene Fachperson moderiert werden. Diese Gruppentreffen sollen die Grundbedürfnisse der Jugendlichen ansprechen und Aktivitäten herbeiführen helfen, die eine Befriedigung dieser Bedürfnisse ermöglichen (Steinebach et al., 2018). Folgende vier Grundbedürfnisse von Jugendlichen werden dabei beschrieben: Kompetenzerleben, Unabhängigkeit, Bindung und *Generosity* (Vorrath & Brendtro, 2013). Mit genanntem englischem Begriff ist die gegenseitige Unterstützung und Bereitschaft zu uneigennütziger Hilfe gemeint. Werden diese vier Grundbedürfnisse in besonderer Weise angesprochen, so die Annahme von PPC, so sind dabei auch Wirkungen für die Entwicklung des Einzelnen im Sinne von Resilienz zu erwarten. Eine detaillierte Beschreibung zum PPC-Ansatz ist in Steinebach et al. (2018) zu finden.

In den Gruppengesprächen ist das Erleben von Zugehörigkeit zu einer Gruppe ein wesentlicher Baustein für die Festigung der eigenen Identität. Das Umsetzen eigener Interessen fördert die Autonomie. Das Kompetenzerleben bei Gruppengesprächen sichert Selbstwert und Zuversicht. Durch die Erfahrung der gegenseitigen Unterstützung können sich die Jugendlichen als effektiv und kompetent erleben. Anderen zu helfen leistet also einen Beitrag zur Befriedigung der eigenen Bedürfnisse (ebd.).

Das vorliegende Konzept unterscheidet sich in folgenden Punkten vom PPC-Ansatz: Die Gruppentherapie in «inklusiv plus» wird von einer psychotherapeutischen Fachperson geleitet. Sie moderiert im Gegensatz zum PPC-Ansatz die Gruppenleitung nicht nur,

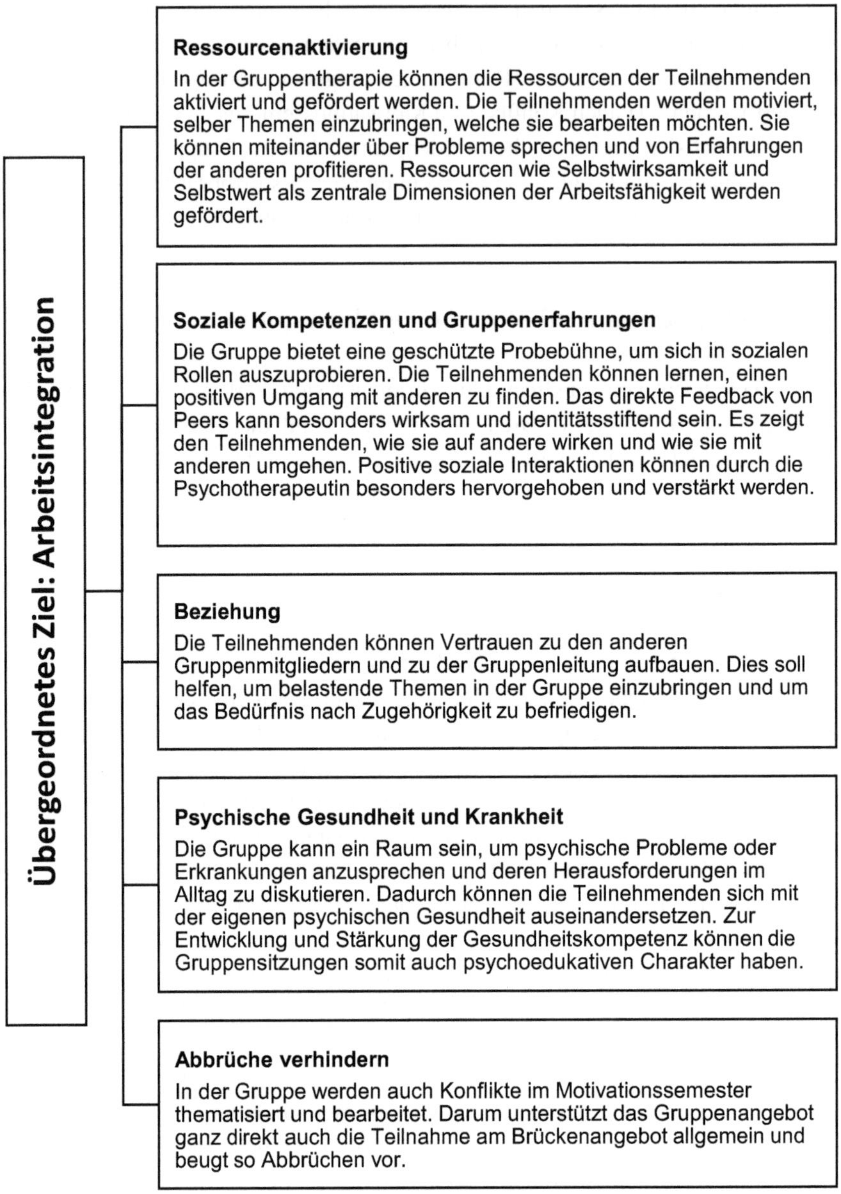

Übergeordnetes Ziel: Arbeitsintegration

Ressourcenaktivierung
In der Gruppentherapie können die Ressourcen der Teilnehmenden aktiviert und gefördert werden. Die Teilnehmenden werden motiviert, selber Themen einzubringen, welche sie bearbeiten möchten. Sie können miteinander über Probleme sprechen und von Erfahrungen der anderen profitieren. Ressourcen wie Selbstwirksamkeit und Selbstwert als zentrale Dimensionen der Arbeitsfähigkeit werden gefördert.

Soziale Kompetenzen und Gruppenerfahrungen
Die Gruppe bietet eine geschützte Probebühne, um sich in sozialen Rollen auszuprobieren. Die Teilnehmenden können lernen, einen positiven Umgang mit anderen zu finden. Das direkte Feedback von Peers kann besonders wirksam und identitätsstiftend sein. Es zeigt den Teilnehmenden, wie sie auf andere wirken und wie sie mit anderen umgehen. Positive soziale Interaktionen können durch die Psychotherapeutin besonders hervorgehoben und verstärkt werden.

Beziehung
Die Teilnehmenden können Vertrauen zu den anderen Gruppenmitgliedern und zu der Gruppenleitung aufbauen. Dies soll helfen, um belastende Themen in der Gruppe einzubringen und um das Bedürfnis nach Zugehörigkeit zu befriedigen.

Psychische Gesundheit und Krankheit
Die Gruppe kann ein Raum sein, um psychische Probleme oder Erkrankungen anzusprechen und deren Herausforderungen im Alltag zu diskutieren. Dadurch können die Teilnehmenden sich mit der eigenen psychischen Gesundheit auseinandersetzen. Zur Entwicklung und Stärkung der Gesundheitskompetenz können die Gruppensitzungen somit auch psychoedukativen Charakter haben.

Abbrüche verhindern
In der Gruppe werden auch Konflikte im Motivationssemester thematisiert und bearbeitet. Darum unterstützt das Gruppenangebot ganz direkt auch die Teilnahme am Brückenangebot allgemein und beugt so Abbrüchen vor.

Abb. 3.1 Ziele der Gruppentherapie «inklusiv plus»

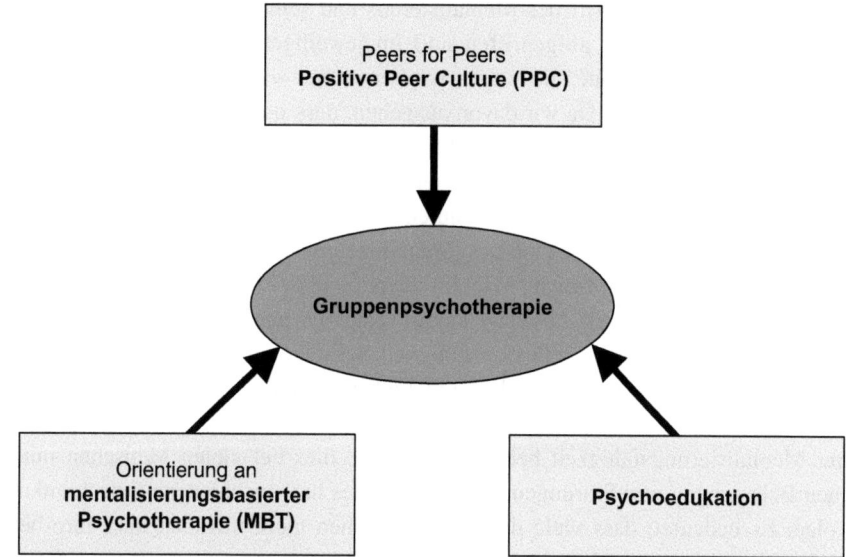

Abb. 3.2 Therapiekonzept «inklusiv plus»

sondern nimmt bei Bedarf auch beratende, aktiv unterstützende und somit auch direktive Interventionen vor. Ihre Haltung ist von Engagement, explorativem Interesse und unterstützender Zuwendung geprägt. Sie sorgt für einen haltgebenden, klaren Rahmen (Umsetzung ausgehandelter Gruppenregeln, Struktur des Sitzungsablaufs), einen ausgewogenen Austausch (alle Teilnehmenden sollen zu Wort kommen können) und fördert die Interaktion der Gruppenmitglieder untereinander. Sie reguliert den Aufmerksamkeitsfokus innerhalb der Gruppe, nimmt differenziert, wachsam und empathisch das Gruppengeschehen wahr, trägt wo nötig aktiv zu einem gelingendem Austausch bei und fördert im Wechselspiel mit der Gruppe alternative Sichtweisen auf Problemstellungen, welche in der Gruppe diskutiert werden. Schliesslich unterstützt sie die Teilnehmenden, selbstverantwortlich realisierbare Zielsetzungen und Lösungsmöglichkeiten im Umgang mit Problemen und Schwierigkeiten zu entwickeln.

Mentalisierungsbasierte Psychotherapie
Mentalisierung ist die Fähigkeit, bei sich und bei anderen mentale und emotionale Vorgänge zu erkennen und davon auszugehen, dass diese Vorgänge zu Handlungen führen. Ein verwandter Begriff ist Reflexionsfähigkeit, der eher das Nachdenken über sich und über Beziehungen zu anderen erfasst. Die mentalisierungsbasierte Psychotherapie fokussiert genau auf diese Fähigkeit. Eine Therapie hat zum Ziel, das Vertrauen in andere zu stärken und den eigenen Handlungsspielraum zu vergrössern, indem die eigenen Gedanken, Wünsche und Betrachtungsweisen besser verstanden werden (Diez Grieser

und Müller, 2018). Der Begriff des Mentalisierens und seine Bedeutung wurde von verschiedenen Therapieschulen aufgegriffen und im jeweiligen Therapiekonzept fruchtbar eingesetzt. Wahrscheinlich auch deswegen wird er immer wieder allgemeiner Wirkfaktor der Psychotherapie genannt. Da wir davon ausgehen, dass psychotherapeutische Fachpersonen mit unterschiedlicher Gruppenausbildung unser Konzept anwenden können, bietet die Begrifflichkeit der mentalisierungsbasierten Psychotherapie eine gemeinsame Sprache, die von verschiedenen therapeutischen Schulen verstanden werden kann.

Darüber hinaus ist das Konzept des Mentalisierens gerade in der therapeutischen Arbeit mit Jugendlichen hilfreich. Wie im Kapitel über die entwicklungspsychologischen Grundlagen ausführlich dargelegt wurde (Kap. 1), hängen gelingende adoleszente Entwicklungen stark von der Reflexionsfähigkeit der Jugendlichen ab. Ebenso ist Mentalisieren die Voraussetzung dafür, dass die Selbst- und Beziehungsregulation gelingt. Viele der Jugendlichen in Motivationssemestern und Arbeitsintegrationsprogrammen sind in ihrer Mentalisierungsfähigkeit beeinträchtigt, wie dies bei vielen Menschen mit psychischen Belastungen und Störungen der Fall ist. Dies hat verschiedene Einschränkungen zur Folge. Es bedeutet, dass viele dieser Jugendlichen nicht hilfreich über ihre beruflichen Wünsche und Möglichkeiten nachdenken können. Ausserdem gelingt es ihnen nur eingeschränkt, Konsequenzen von unzuverlässigem Handeln zu antizipieren. Und schliesslich führt in vielen Fällen ihr soziales Verhalten im Arbeitskontext zu Konflikten und Schwierigkeiten, ohne dass diese Jugendlichen jedoch hilfreiche Konsequenzen daraus ableiten könnten. Die Gruppentherapie bietet einen geschützten Rahmen, in dem solchermassen belastende und konflikthafte Situationen in einen Bedeutungskontext gesetzt und bewältigt werden können. Wie oben beschrieben, ist bei Jugendlichen die therapeutische Beziehung zur psychotherapeutischen Fachperson ein Aspekt besonders bedeutsam, nämlich dass diese verlässlich die Beziehung aufrechterhalten, gerade auch bei Differenzen und Beziehungskonflikten.

3.3 Umsetzung des therapeutischen Angebotes

Hinsichtlich der konkreten Situation der jeweiligen Jugendlichen und jungen Erwachsenen, die ein Motivationssemester oder Arbeitsintegrationsprogramm besuchen, muss berücksichtigt werden, dass deren Umfeld auf Arbeitsintegration und nicht auf die Behandlung von psychischen Störungen ausgerichtet ist. Die Jugendlichen haben ein ausgefülltes Programm mit arbeitspraktischen und eher bildungsbezogenen Themen sowie Modulen, in denen es konkret darum geht, ihre Bewerbungskompetenz zu fördern, geeignete Arbeitsstellen zu suchen und sich darauf zu bewerben. Die Gruppentherapie muss somit sinnvoll in den vorbestehenden Stundenplan des jeweiligen Motivationssemesters oder Arbeitsintegrationsprogramms integriert werden. Bezüglich möglichem Zeitpunkt, in die Gruppe einzutreten, bieten sich für viele Jugendliche die beiden Monate im Anschluss an die Sommerferien an, da sie dann mit dem rund 9-monatigen Motivationssemester beginnen. Allerdings zeigt die Erfahrung, dass eine beträchtliche Anzahl von Teilnehmenden auch während der übrigen Monate eintritt. Deshalb ist die Gruppe als offene Gruppe konzipiert; Ein- und Austritte sollen konzeptuell jederzeit möglich sein. Schliesslich gehört zum Therapiekonzept «inklusiv plus» der Grundsatz, dass es für alle Jugendlichen zugänglich ist und somit auch für diejenigen, die Gesprächsbedarf haben, jedoch kein Gruppensetting wünschen. Deshalb macht es Sinn, auch für diese in begrenzter Zahl Einzelgespräche anzubieten.

Die Gruppe soll einmal wöchentlich für 75 bis 90 min stattfinden. Eine Gruppengrösse von 6 bis maximal 8 anwesenden Personen erscheint ideal. Da die Erfahrung zeigte, dass viele Jugendliche immer wieder in der Gruppentherapie fehlen, ist eine maximale Gruppengrösse von zehn Personen vorgeschlagen. Die Gruppe findet idealerweise in den Räumlichkeiten des Motivationssemesters oder Arbeitsintegrationsprogramms statt. Der Ablauf wird flexibel gestaltet. Eine exemplarische Abfolge einer gruppentherapeutischen Sitzung kann Tab. 3.1 entnommen werden.

Die Gruppenregeln und der Umgang in der Gruppe werden von der Gruppenleitung vorgegeben, können jedoch später im gemeinsamen Austausch mit den Teilnehmenden bei Bedarf angepasst werden. Weiter soll auf die Schweigepflicht hingewiesen werden. Die Regeln sollten für die Teilnehmenden klar und transparent sein.

Ergänzend zum Gruppenangebot bietet die jeweilige psychotherapeutische Fachperson den Teilnehmenden bei Bedarf bis zu fünf Gespräche im Einzelsetting an. Diese dienen dazu, Krisensituationen aufzufangen und allfällige weitere nötige Schritte in die Wege zu

Tab. 3.1 Inhaltliche und zeitliche Struktur einer idealtypischen Gruppentherapie-Sitzung

Struktur		
Dauer (Min.)	Inhalt	Bemerkung
15–20	**Einstieg** • Begrüssung und Einführung • Befindlichkeitsrunde • Offene Punkte vom letzten Termin	Aufgrund von stets möglichen Neueintritten muss für die Begrüssung und Einführung genügend Zeit eingeplant werden
50–60	**Hauptteil** • Themenfindungsrunde und gemeinsame Auswahl • Problemschilderung/Fragestellung/Thema • Verständnisfragen klären • Entwicklung von Lösungsmöglichkeiten	Interventionstechniken können auch Entspannungsübungen, kreative Methoden zur Themenfindung oder Rollenspiele etc. sein
10	**Abschluss** • Zusammenfassung und Feedback • Ausblick • Verabschiedung	Nach Abschluss der Gruppe ist die Gruppenleitung verfügbar für individuelle Fragen und zur Vereinbarung von Einzelgesprächen

leiten sowie eine mediatorische Brücke zu den Bezugspersonen in der Institution oder zu externen Behandlern zu schlagen. Einzelgespräche können auch als Türöffner für die Aufgleisung einer weiterführenden Psychotherapie dienen.

Die Gruppenpsychotherapie muss im Programm des Arbeitsintegrationsprogramms fest eingegliedert sein. Die psychotherapeutische Fachperson sollte im Team des Motivationssemesters bzw. Arbeitsintegrationsprogramms gut integriert sein und zugleich für die Teilnehmenden trotzdem als gesondertes, externes Angebot abweichend vom üblichen Tagesprogramm wahrgenommen werden. Im Idealfall fungiert die psychotherapeutische Fachperson ausserdem als Ansprechperson für das Team des Motivationssemesters bzw. Arbeitsintegrationsprogramms.

3.4 Abschliessende Bemerkungen

Der gruppentherapeutische Ansatz hat sich in der Arbeit mit arbeitssuchenden Jugendlichen und jungen Erwachsenen als sehr effektiv und passend herausgestellt. Das hier vorgestellte therapeutische Konzept ist in jahrelanger Arbeit so entwickelt und angepasst worden, dass es den Bedürfnissen dieser Zielgruppe optimal entgegenkommt. Aus unserer Sicht ist die Richtung der gruppentherapeutischen Ausbildung der psychotherapeutischen Fachperson weniger von Bedeutung. Unentbehrlich sind aber ein genuines Interesse und Freude an der therapeutischen Arbeit mit dieser Altersgruppe. Auch sind wir überzeugt, dass eine konflikt-, beziehungs- und interaktionsorientierte Herangehensweise für diese spezifische Gruppe am vielversprechendsten ist. Der Fokus auf gruppendynamische Prozesse, auf das kreative Potenzial von Peerbeziehungen, wie es der PPC-Ansatz konzeptualisiert, und schliesslich das mentalisierungsbasierte Vorgehen zeigte sich als hilfreich. Alle Ansätze erlauben ein störungsunspezifisches Vorgehen in der Arbeit mit Jugendlichen. Es erlaubt eine gruppentherapeutische Arbeit mit Jugendlichen, die unterschiedliche Erfahrungen und Lebenswelten in die Gruppe bringen und bei denen unterschiedliche Störungsbilder im Vordergrund stehen.

Nebst den therapeutischen Inhalten wurde auch an den äussern Rahmenbedingungen gearbeitet. Mit «inklusiv plus» wurde versucht, ein möglichst niederschwelliges Angebot zu erarbeiten. Die Niederschwelligkeit war durch die Implementierung der Gruppe vor Ort gegeben, aber auch durch den einfachen Zugang zur Gruppe. Das Gruppenangebot wurde in die jeweiligen Programme so eingefügt, dass die teilnehmenden Jugendlichen und jungen Erwachsenen nicht zusätzliche Zeit aufwenden mussten, und sie wussten, wo und wann es stattfindet. Nicht zuletzt zu erwähnen ist, dass das Angebot für die Teilnehmenden kostenlos war. Dieser Aspekt ist insbesondere für diejenigen zentral, die ihren Eltern keine zusätzliche Kosten verursachen möchten.

Abschliessend lässt sich sagen, dass es sich bei «inklusiv plus» um ein durchdachtes und in der Praxis erprobtes therapeutisches Konzept handelt, das bei den Teilnehmenden und den daran beteiligten Fachpersonen auf grosse Zustimmung stiess.

Literatur

Barlow, S., Burlingame, G. M., & Fuhriman, A. (2005). The history of group practice: A century of knowledge. In S. Wheelan (Hrsg.), *The handbook of group research and practice* (S. 39–64). Sage.

Black, O., Keegel, T., Sim, M. R., Collie, A., & Smith, P. (2018). The effect of self-efficacy on return-to-work outcomes for workers with psychological or upper-body musculoskeletal injuries: A review of the literature. *Journal of Occupational Rehabilitation, 28*(1), 16–27. https://doi.org/10.1007/s10926-017-9697-y

Burlingame, G. M., Joyce, A., & Strauss, B. (2012). Small group treatment: Evidence for effectiveness and mechanisms of change. In M. J. Lambert (Hrsg.), *Bergin & Garfield's handbook of psychotherapy and behavior change* (6. Aufl.). Wiley.

Burlingame, G. M., MacKenzie, K. R., & Strauss, B. (2004). Small group treatment: Evidence for effectiveness and mechanisms of change. In M. J. Lambert (Hrsg.), *Bergin & Garfield's Handbook of psychotherapy and behavior change* (5. Aufl., S. 647–696). Wiley.

Cirasola, A., & Midgley, N. (2023). The alliance with young people: Where have we been, where are we going? *Psychotherapy, 60*, 110–118. https://doi.org/10.1037/pst0000461

DeLucia-Waack, J., Gerrity, D., Kaoldner, C., & Riva, M. (2004). *Handbook of group counseling and psychotherapy*. Sage.

Diez Grieser, T., & Müller, R. (2018). *Mentalisieren mit Kindern und Jugendlichen*. Klett-Cotta.

Erikson, E. H. (1998). *Jugend und Krise. Die Psychodynamik im sozialen Wandel* (4. Aufl.). Klett-Cotta.

Fonagy, P., & Allison, E. (2014). The role of mentalizing and epistemic trust in the therapeutic relationship. *Psychotherapy, 51*(3), 372–380. https://doi.org/10.1037/a0036505

Gulliver, A., Griffiths, K. M., & Christensen, H. (2010). Perceived barriers and facilitators to mental health help-seeking in young people: A systematic review. *BMC Psychiatry, 10*(1), 1–9.

Hoag, M. J., & Burlingame, G. M. (1997). Evaluating the effectiveness of child and adolescent group treatment: A meta-analytic review. *Journal of Clinical Child Psychology, 26*, 234–246.

Knafla, I., Schär, M., & Steinebach, C. (2016). *Jugendliche stärken. Wirkfaktoren in Beratung und Therapie*. Belz.

Sabatella, F. & Von Wyl, A. (2014). Pilotprojekt Integration arbeitsloser Jugendlicher und junger Erwachsener. Forschungsbericht. ZHAW.

Steinebach, C., Schrenk, A., Steinebach, U., & Brendtro, L. K. (2018). *Positive Peer Culture. Ein Manual für starke Gruppengespräche*. Belz.

Stippel, A., & Lehmkuhl, G. (2012). Gruppen mit Kindern und Jugendlichen. In B. Strauss & D. Mattke (Hrsg.), *Gruppenpsychotherapie* (S. 379–390). Springer.

Strauss, B., & Mattke, D. (Hrsg.). (2018). *Gruppenpsychotherapie* (2. Aufl.). Springer.

Vorrath, H., & Brendtro, L. (2013). *Positive peer culture* (2. Aufl.). Aldine.

Warschburger, P. (2006). Gruppentherapeutische Methoden mit Kindern und Jugendlichen. In F. Mattejat (Hrsg.), *Lehrbuch der Psychotherapie* (S. 383–389). CIP-Medien.

Wei, Y., McGrath, P. J., Hayden, J., & Kutcher, S. (2015). Mental health literacy measures evaluating knowledge, attitudes and help-seeking: A scoping review. *BMC Psychiatry, 15*(1). https://doi.org/10.1186/s12888-015-0681-9

Yalom, I. D. (1970/2007). *Theorie und Praxis der Gruppenpsychotherapie. Ein Lehrbuch* (9. Aufl.). Klett-Cotta.

Prof. Dr. Agnes von Wyl ist Professorin für Klinische Psychologie und Leiterin des Zentrums Klinische Psychologie und Gesundheitspsychologie an der ZHAW Zürcher Hochschule für Angewandte Wissenschaften. Sie ist eidgenössisch anerkannte psychoanalytische Psychotherapeutin in eigener Praxis in Zürich. In Lehre und Forschung liegen ihre Schwerpunkte in den Bereichen der Psychotherapieforschung, Säuglings- und Kleinkindforschung sowie Adoleszenz und Emerging Adulthood.

Dr. Filomena Sabatella ist Kinder- und Jugendpsychotherapeutin und co-leitet die Fachgruppe Klinische Psychologie im Kindes. und Jugendalter an der ZHAW Zürcher Hochschule für Angewandte Wissenschaften. In Ihrer Forschung setzt sie sich mit Übergängen in der Berufsbildung und mit Interventionsprogrammen für psychisch belastete Jugendliche auseinander und verfügt hier über langjährige Erfahrung.

Sabrina Hösli-Leu, MSc, ist Psychologin und eidg. anerkannte Psychotherapeutin. Sabrina Hösli-Leu verfügt über langjährige Erfahrung in der Behandlung von Kindern und Jugendlichen mit psychischen Auffälligkeiten und ist als Leitende Psychologin in der Klinik für Kinder- und Jugendpsychiatrie Zürich tätig. Während des Pilotprojektes „inklusiv" hat sie die Gruppentherapien in der Arbeitsintegration geleitet.

Praktische Umsetzung

Ran Wehrli, Filomena Sabatella und Agnes von Wyl

Inhaltsverzeichnis

4.1 Ziele von «inklusiv» und «inklusiv plus» 45
4.2 Umsetzungspartner 46
4.3 Rekrutierung und Datenerhebungsprozess 47
4.4 Fragebogen und Messinstrumente 47
4.5 Psychologisch-psychotherapeutische Interventionsformen und weitere Angebote 53
4.6 Pilotstudie «inklusiv» 54
4.7 Ergebnisse der Hauptstudie «inklusiv plus» 57
4.8 Diskussion 61
Literatur 65

4.1 Ziele von «inklusiv» und «inklusiv plus»

Die Forschungsprojekte «inklusiv» und «inklusiv plus» hatten das Hauptziel, die Integration von mehrfachbelasteten Jugendlichen und jungen Erwachsenen in den Arbeitsmarkt bzw. die weiterführende Aus- und Weiterbildung zu verbessern, indem sie eine sog.

R. Wehrli (✉) · F. Sabatella · A. von Wyl
Psychologisches Institut, ZHAW Zürcher Hochschule für Angewandte Wissenschaften, Zürich, Schweiz
E-Mail: ran.wehrli@zhaw.ch

F. Sabatella
E-Mail: filomena.sabatella@zhaw.ch

A. von Wyl
E-Mail: agnes.vonwyl@zhaw.ch

Anschlusslösung bei Programmaustritt fanden; idealerweise in Form einer Lehrstelle, eines anderweitigen Ausbildungsplatzes oder einer Arbeitsstelle. Als sekundäre Ziele wurde die Abnahme psychopathologischer Symptome, struktureller Beeinträchtigungen – das heisst Schwierigkeiten und Störungen der Persönlichkeit – sowie interpersoneller Probleme bei Programmaustritt im Vergleich zu dessen Start definiert. Ausserdem sollten die Arbeitsfähigkeit, die berufsbezogene Entscheidungsfähigkeit, der geschätzte Selbstwert und die Stärkung eines adäquaten Hilfesuchverhaltens (d. h. bei psychischen Problemen professionelle Hilfe in Anspruch zu nehmen) im Vergleich zum Programmstart zunehmen.

Als weitere, langfristige Ziele können ausserdem die Sensibilisierung der Fachkräfte in Motivationssemestern und Arbeitsintegrationsprogrammen für psychische Belastungen und Erkrankungen bei Jugendlichen und jungen Erwachsenen genannt werden. Und schliesslich kann davon ausgegangen werden, dass entsprechende Veränderungen auch positive Auswirkungen in Form von einem Rückgang von Invalidenversicherungsrenten haben und ausserdem eine frühzeitige Erkennung und Behandlung psychischer Erkrankungen ermöglichen.

4.2 Umsetzungspartner

Das Pilotprojekt «inklusiv» wurde in einem Arbeitsintegrationsprogramm durchgeführt, das die psychische und physische Gesundheit als wichtiger Teil der Firmenkultur pflegt. Das Programm steht allen Altersgruppen offen, zeichnet sich jedoch durch einen Fokus auf junge Erwachsene aus und ist spezialisiert darauf, auch mit einer schwierigen Klientel gangbare Lösungen zu finden. Das Pilotprojekt «inklusiv» dauerte zwei Jahre und nahm 39 Teilnehmende in die Studie auf. Es wurde von der Gebert Rüf Stiftung gefördert (Projekt-Nr: GRS-052/16).

Die ermutigenden, positiven Ergebnisse des Pilotprojektes «inklusiv» boten die Grundlage für die Implementierung des Therapiekonzepts als Machbarkeitsstudie mit dem Namen «inklusiv plus». Es wurde als naturalistische Studie konzipiert mit einer Erhebung der Baseline (t0), einer Erfassung bei Programmende (t1) und einer solchen sechs Monate nach Austritt aus dem Programm. «Inklusiv plus» wurde von der Schweizerischen Agentur für Innovationsförderung «Innosuisse» gefördert (Projekt-Nr.: 43524.1 IP-SBM). Beide Projekte wurde von der Ethikkommission des Kantons Zürich gutgeheissen.

Neben dem ersten Arbeitsintegrationsprogramm, das bereits bei «inklusiv» Umsetzungspartner war, konnte zum einen ein weiteres Arbeitsintegrationsprogramm für eine Teilnahme gewonnen werden. Ausserdem wurden erfolgreich acht Motivationssemester rekrutiert. Diese waren unterschiedlich gross, hatten verschiedenartige Träger und waren in sechs verschiedenen Kantonen der Schweiz angesiedelt. Ausserdem wurde ein Motivationssemester zweisprachig (nebst deutsch auch französisch) angeboten. Tab. 4.1 zeigt einen Überblick über die verschiedenen Umsetzungspartner. Für die Umsetzung der Gruppentherapien und Einzelgespräche waren acht erfahrene psychotherapeutische Fachpersonen zuständig. Die Datenerhebung via Fragebögen und Interviews wurde hauptsächlich von drei geschulten studentischen Assistierenden durchgeführt.

4.3 Rekrutierung und Datenerhebungsprozess

Einschlusskriterien waren die Teilnahme an einem der zehn in Tab. 4.1 aufgelisteten Institutionen (Motivationssemester oder Arbeitsintegrationsprogramm) mit einem Altersrange zwischen 15 und 29 Jahren sowie genügend Deutsch- bzw. Französischkenntnisse. Ganz im Sinne der Niederschwelligkeit und einer realitätsnahen Abbildung der aktuell gängigen Aufnahme in die Programme wurde auf weitere Ausschlusskriterien verzichtet. Das Vorgehen zur Rekrutierung der Jugendlichen und jungen Erwachsenen wurde in Absprache mit den Projektpartnern festgelegt. Dafür wurden Informationsbroschüren, Plakate mit einem QR-Code verlinkt mit einer Internetseite mit Anmeldemöglichkeit, sowie Präsentationen für Informationsveranstaltungen angefertigt und implementiert. Der Rekrutierungsprozess in den verschiedenen Motivationssemestern verlief weitgehend einheitlich. Entsprechend erfolgte die Information durch die Coaches, Lehrkräfte, Informationsveranstaltungen via Projektmitarbeitende und über Plakate. Die Beteiligung an der Gruppentherapie beruhte auf Freiwilligkeit. Bei Interesse wurde ein Vorgespräch geführt, ganz im Sinne der Praxisleitlinien der American Group Psychotherapy Association (Bernard et al., 2008).

Der erste Zeitpunkt der Datenerhebung (t0) geschah vor Eintritt der Jugendlichen und jungen Erwachsenen in die Gruppentherapie. Damit einher ging eine umfassende mündliche und schriftliche Information über die Studie sowie die Unterzeichnung der Einverständniserklärung. Anschliessend erfolgte der Einstieg in die Gruppentherapie. Nach Austritt aus der Gruppe wurde die Austrittserhebung (t1) durchgeführt und zudem die jeweilige Anschlusslösung erfasst. Sechs Monate nach Gruppenaustritt wurden die Teilnehmenden für die Follow-Up-Erhebung (t2) kontaktiert. Zu den Zeitpunkten t1 und t2 gab es Fälle von Abbrüchen (Jugendliche beendeten die Gruppentherapie ohne Absprache) und verlorenen Kontakten (Jugendliche waren nicht mehr erreichbar).

4.4 Fragebogen und Messinstrumente

Das erstrangige Ziel des Projekts und damit primärer Outcome war, dass die Jugendlichen und jungen Erwachsenen bei Abschluss des Programms eine Ausbildungs- oder Arbeitsstelle haben. Daher wurden die Anschlusslösungen aller Teilnehmenden erfasst. Allerdings ist das Finden einer Anschlusslösung auch von externen, nicht beeinflussbaren Faktoren abhängig, nicht zuletzt von der jeweiligen Wirtschaftslage. Deshalb wurden

Tab. 4.1 Übersicht über die Motivationssemester (SEMO) und Arbeitsintegrationsprogramme (AIP)

	Ort	Anzahl Tn (unter 30 J.) im SEMO/AIP	Max. mögliche Aufenthaltsdauer	Spezifika
AIP 1	Kleinstadt	Ca. 60	Ca. 1 Jahr	Berufliche Integration mittels Coaching, Bildung und Gesundheitsförderung
SEMO 1	Stadt	Ca. 100	Ca. 6 Monate	Angebot von SEMO Standard und SEMO plus mit Vermittlung von Arbeit im 1. und 2. Arbeitsmarkt; Möglichkeiten von Praktika/Lehrstellen bei teilnehmenden Partnerbetrieben
SEMO 2	Kleinstadt	Ca. 40	Standard: max. 10 Monate Plus: max. 22 Monate	Angebot von SEMO Standard (Berufswahlperspektiven und Lehrstellensuche) und SEMO plus (Fokus auf Erlangung einer Grundarbeitsfähigkeit)
SEMO 3	Kleinstadt	Ca. 40	Standard: max. 10 Monate Plus: max. 22 Monate	Arbeiten im internen Atelier oder in externem Praktikum. Gleichzeitig Bildung und Bewerbungstechniken
SEMO 4	Kleinstadt	Ca. 40	Max. 10 Monate	Zweisprachig; arbeiten im internen Atelier oder in externem Praktikum. Gleichzeitig Bildung und Bewerbungstechniken
AIP 2	Dorf	Ca. 45	6–12 Monate	Hotelbetrieb: Ausbildungsplätze in Berufsfeldern Rezeption, Empfang und Administration mit begleitender Bildung
SEMO 5	Stadt	Ca. 50	3–6 Monate, in begründeten Fällen Verlängerung bis 12 Monate	Vermittlung über kantonale Berufsberatung oder Regionales Arbeitsvermittlungszentrum; individuelles Arbeiten an beruflichen Zielen mit Stärkung der eigenen Ressourcen

(Fortsetzung)

Tab. 4.1 (Fortsetzung)

	Ort	Anzahl Tn (unter 30 J.) im SEMO/AIP	Max. mögliche Aufenthaltsdauer	Spezifika
SEMO 6	Dorf	Ca. 40	Max. 12 Monate	Vermittlung über kantonale Berufsberatung oder Regionales Arbeitsvermittlungszentrum; praktische Einsätze in SEMO-eigenen Werkstätten und Arbeitsplätzen
SEMO 7	Dorf	Ca. 50	Max. 6 Monate	Jobcoaching und Vorbereitung auf Bewerbungsgespräche, Schnupperlehren. Nebenbei individueller Bildungsplan je nach Berufsinteresse
SEMO 8	Kleinstadt	Ca. 40	Max. 6 Monate	Dienstleistungskombination aus Arbeitseinsätzen in eigener Lernwerkstatt und Lern-Büros, Jobcoaching und individueller Bildung

zusätzlich verschiedene Komponenten der Arbeitsfähigkeit erfasst. Darüber hinaus wurden auch Aspekte der psychischen Belastung und Beeinträchtigungen erhoben. Und schliesslich wurde als letztes die Stärkung eines adäquaten Hilfesuchverhaltens eruiert, d. h. die Intention bei psychischen Problemen und Belastungen bei unterschiedlichen Personengruppen Hilfe in Anspruch zu nehmen.

4.4.1 Baseline-Daten

Als Baseline-Daten wurden Geschlecht, Alter, Migrationshintergrund, Psychopharmaka-Konsum, Drogenkonsum und schulischer sowie beruflicher Werdegang erhoben.

4.4.2 Anschlusslösungen

Mit Austritt aus der Gruppe (t1) und sechs Monate danach (t2) wurde erhoben, ob und welche Anschlusslösungen vorliegen. Diese wurden wie folgt kategorisiert: Berufslehre, d. h. eidgenössisches Fähigkeitszeugnis (EFZ) oder eidgenössisches Berufsattest (EBA),

Praktikum/Vorlehre, Arbeitsstelle/Job, Ausbildung unterstützt durch die Invalidenversicherung, Mittelschule, arbeitslos/stellensuchend, Motivationssemester/Arbeitsintegration, Klinikaufenthalt oder Invalidenrente (IV-Rente).

4.4.3 Funktionsniveau (Mini-ICF-APP-S)

Die Zunahme des sog. Funktionsniveaus wurde anhand des Mini-ICF-Ratings für Aktivitäts- und Partizipationsbeeinträchtigungen bei psychischen Erkrankungen gemessen. Es ist wichtig zu betonen, dass Menschen mit psychischen Gesundheitsproblemen in ihrer sozialen und beruflichen Funktionsfähigkeit oft deutlich beeinträchtigt sind. Es gibt Hinweise darauf, dass viele von ihnen den Wunsch haben zu arbeiten, jedoch nur schwer eine Beschäftigung finden (vgl. Boardman et al., 2003; Secker et al., 2001). Die Stärkung der Funktionsfähigkeit wurde entsprechend auch als ein zentrales Ziel unserer Motivationssemester und Arbeitsintegrationsprogramme definiert. Der *Mini-lCF-APP-S* erfasst als Selbstbeurteilungsfragebogen die allgemeine Funktionsfähigkeit (Linden et al., 2018). Er misst Aktivitäts- und Partizipationsbeeinträchtigungen bei psychischen Erkrankungen in Anlehnung an die internationale Klassifikation der Funktionsfähigkeit, Behinderung und Gesundheit (ICF) der Weltgesundheitsorganisation (WHO). Es werden folgende 13 Items erfasst: (1) Fähigkeit zur Anpassung an Regeln und Routinen, (2) Fähigkeit zur Planung und Strukturierung von Aufgaben, (3) Flexibilität und Umstellungsfähigkeit, (4) Kompetenz- und Wissensanwendung, (5) Entscheidungs- und Urteilsfähigkeit, (6) Proaktivität und Spontanaktivitäten, (7) Widerstands- und Durchhaltefähigkeit, (8) Selbstbehauptungsfähigkeit, (9) Konversation und Kontaktfähigkeit zu Dritten, (10) Gruppenfähigkeit, (11) Fähigkeit zu engen dyadischen Beziehungen, (12) Fähigkeit zur Selbstpflege und Selbstversorgung und (13) Mobilität und Verkehrsfähigkeit. Diese werden auf einer achtstufigen Antwortskala von (0) «das ist eindeutig eine Stärke von mir» bis (7) «das kann ich gar nicht» beurteilt. Die Werte bilden zusammen einen Gesamtwert resp. das generelle Funktionsniveau.

4.4.4 Work Ability Index (WAI)

Der *Arbeitsfähigkeitsindex* (Hasselhorn & Freude, 2007) bewertet die globale Arbeitsfähigkeit und gilt als international etabliertes Messinstrument. Für die vorliegende Testbatterie wurde die Kurzversion mit sieben übergeordneten Fragen bzw. Dimensionen und 23 Items angewandt. Das Ranking erfolgt mittels folgenden vier Antwortformaten «kritisch», «mässig», «gut» oder «sehr gut».

4.4.5 Rosenberg Self-esteem Scale (RSES)

Die *Rosenberg Selbstwertskala* (Ferring & Filipp, 1996; Rosenberg, 1989) ist eines der am häufigsten eingesetzten Instrumente zur Erfassung des globalen Selbstwertes. Sie umfasst zehn Items, welche auf einer vierstufigen Antwortskala von «lehne stark ab» bis «stimme stark damit überein» bewertet wird. Der Gesamtwert hat eine Bandbreite von zehn bis 40 Punkten. Eine klare Grenze zwischen hoher und niedriger Selbstwertschätzung existiert nicht. Bisherige Studien mit Jugendlichen und Erwachsenen über 53 Nationen hinweg konnten allerdings zeigen, dass Mittelwerte (mit einer Standardabweichung von rund 5) typischerweise um den Summenwert 30 konvergieren (Schmitt & Allik, 2005).

4.4.6 My Vocational Situation (MVS)

Dieser Fragebogen zur berufsbezogenen Entscheidungsfähigkeit (Holland et al., 1980) ist weit verbreitet und in berufs- und laufbahndiagnostischen Instrumenten wie z. B. im *Explorix* (Fux et al., 2002) enthalten. Er erfasst Schwierigkeiten in den vier Bereichen «berufsbezogene Identität», «Entscheidungsfindung», «Informiertheit» sowie «wahrgenommene persönliche und äussere Hindernisse». Die Skala umfasst 18 Items, welche anhand einer dichotomen Antwortskala «(0) ja, trifft zu» und «(1) nein, trifft nicht zu» klassifiziert werden.

4.4.7 Brief Symptom Checklist (BSCL)

Die BSCL (Franke, 2017) erfasst psychische und psychosomatische Symptome einer Person anhand von 53 Items. Mittels einer fünfstufigen Antwortskala werden die subjektiv empfundenen Beeinträchtigungen eingeordnet, von «(0) überhaupt nicht» bis «(4) sehr stark». Der *Global Severity Index* (GSI) ist einer von drei globalen Kennwerten (GSI, PSDI, PST) und bildet den Schweregrad der psychischen Belastung ab; tiefe Werte stehen für geringe, und hohe Werte für starke psychische Belastung. Weiter können neun Subskalen differenziert werden (Aggressivität/Feindseligkeit; Ängstlichkeit; Depressivität; paranoides Denken; phobische Angst; Psychotizismus; Somatisierung; Unsicherheit im Sozialkontakt; Zwanghaftigkeit). Anhand definierter Cut-off-Werte können zudem kritische Fälle eruiert werden.

4.4.8 OPD-Strukturfragebogens (OPD-SFK)

OPD-Strukturfragebogen (Ehrenthal et al., 2015) ist ein Selbstbeurteilungsfragebogen und erfasst strukturelle Beeinträchtigungen der Persönlichkeit. Dabei werden zwölf

Items anhand einer Antwortskala von «(0) trifft gar nicht zu» bis «(4) trifft völlig zu» eingestuft. Neben einem Globalwert können drei Subskalen (Selbstwahrnehmung, Beziehungsmodell und Kontaktgestaltung) unterschieden werden. Der OPD-SFK verbindet Aspekte des Selbst mit strukturellen Fähigkeiten der Emotionsregulation (Identität, Selbstreflexion, Affektdifferenzierung mit Affekttoleranz) und bildet somit verinnerlichte Beziehungserfahrungen ab, welche wiederum Erwartungen an neue Beziehungen beeinflussen (Internalisierung, Selbst-Objekt-Differenzierung, realistische Objektwahrnehmung). Somit stehen interpersonelle Fähigkeiten im Vordergrund, welche sich auf das Gegenüber richten und entsprechend auch mit Aspekten von Selbstunsicherheit verbunden sind (Selbstwertregulation, Antizipation, Kontaktaufnahme, Affektmitteilung).

4.4.9 General Help-Seeking Questionnaire (GHSQ)

Mit dem Fragebogen zum Hilfesuchverhalten (Wilson et al., 2005) wird die Intention eingeschätzt, Hilfe von verschiedenen Personengruppen bei verschiedenen Problembereichen in Anspruch zu nehmen. Hierzu geben die Teilnehmenden ihre Hilfesuchintention an auf einer Skala von «(1) sehr unwahrscheinlich» bis «(7) sehr wahrscheinlich» und dies in fünf Problemfeldern (Gefühle der Überwältigung und Gereiztheit; Episoden von Angst und Sorgen; Phasen der Trauer und Depressivität; Suizidgedanken; Alkoholprobleme). Dabei werden für alle fünf Problembereiche dieselben Hilfequellen vorgegeben (Partner; Freunde; Eltern; Verwandte; psychologisches Fachpersonal; Beratungsstellen; Ärzt:innen; Geistliche; andere Hilfequellen). Damit kann unterschieden werden, ob eher Hilfe formell von professionellen Helfenden, informell von Personen aus dem privaten Umfeld oder keine Unterstützung in Anspruch genommen wird.

4.4.10 Verlaufsdaten Gruppentherapie

Für die Verlaufsevaluation der Gruppentherapie wurden einmal monatlich bzw. am Ende jeder vierten Gruppensitzung die therapeutische Beziehungsqualität und das Gruppenklima mittels Fragebogen erfasst, um den möglichen Einfluss dieser Gruppenprozesse auf das Gesamtergebnis der Studie zu untersuchen. Diesbezügliche Daten werden hier nicht wiedergegeben.

4.5 Psychologisch-psychotherapeutische Interventionsformen und weitere Angebote

Das zentrale Interventionsmittel von «inklusiv» und «inklusiv plus» bestand aus der Gruppentherapie für die Jugendlichen und jungen Erwachsenen. Daneben wurden zusätzliche Unterstützungsangebote wie Einzelgespräche sowie Weiterbildungen und Coachings für Institutionsmitarbeitende implementiert.

4.5.1 Gruppenpsychotherapie

Für das gruppentherapeutische Angebot im nicht-klinischen Setting wurde für das Pilotprojekt «inklusiv» ein therapeutisches Konzept erarbeitet und für «inklusiv plus» adaptiert. Das finale Therapiekonzept ist im Kap. 3 ausführlich dargestellt. Grundsätzlich gestalteten die psychotherapeutischen Fachpersonen ihre jeweilige Gruppentherapie für Jugendliche und junge Erwachsene mit Fokus auf starke Peer-to-Peer-Orientierung. Dabei bildeten die *Positive Peer Culture* (PPC) (Vorrath & Brendtro, 1985; Steinebach et al., 2018) und die *Mentalisierungsbasierte Therapie* (MBT) (Bateman & Fonagy, 2010) wesentliche Grundpfeiler des Therapieansatzes. Die Psychoedukation (PsyEdu) nahm eine ergänzende Rolle ein. Zur Erreichung der oben ausgeführten Ziele – Arbeitsintegration, Verringerung von psychischen Belastungen und psychopathologischen Symptomen, Stärkung des Hilfesuchverhaltens – konzentrierten sich die psychtherapeutischen Fachpersonen auf Ressourcenaktivierung, Erweiterung von sozialen Kompetenzen und Gruppenerfahrungen), Beziehung, Verhinderung von Abbrüchen und Thematisierung von psychischer Gesundheit und Krankheit.

4.5.2 Einzelgespräche

Zusätzlich zur Gruppentherapie wurden Einzelgespräche angeboten. Teilnehmende konnten bei Bedarf bis zu fünf Einzelgespräche in Anspruch nehmen. Auch Programmteilnehmende, die keine Gruppentherapie besuchten, konnten Einzelgespräche beanspruchen.

4.5.3 Zusätzliche Angebote

Neben dem psychotherapeutischen Angebot für die Teilnehmenden wurden, wie bereits erwähnt, ausserdem Angebote für Motivationssemester- und Arbeitsintegrations-Mitarbeitende zur Verfügung gestellt.

- Weiterbildungsangebote: Hier galt freie Themenwahl entsprechend dem spezifischen Wissensbedarf der jeweiligen Institution und in unterschiedlichen Vermittlungsformen Zwei Beispiele hierfür waren Weiterbildungstage zu den Themen Identitätsentwicklung und Krisenintervention. In beiden Fällen wurden nach theoretischen Inputs in Workshops konkrete Fälle diskutiert.
- Coachings für Institutionsmitarbeitende: In allen Institutionen waren die diesbezüglichen Themen sehr vielfältig, vom Umgang mit Teilnehmenden mit selbstverletzendem Verhalten bis hin zu teamdynamischen Aspekten.

4.6 Pilotstudie «inklusiv»

An dieser Stelle sollen nun die Ergebnisse der Pilotstudie dargestellt werden. Die Rekrutierung und Datenerhebung bei «inklusiv» entsprach weitgehend der Hauptstudie «inklusiv plus». Allerdings wurde in der Pilotstudie zum Zeitpunkt t1 zusätzlich mit allen Teilnehmenden ein diagnostisches Interview durchgeführt: Das *Diagnostische Expertensystem für psychische Störungen* (DIA-X) (Wittchen und Pfister 1997), welches eine überarbeitete, deutsche und computergestützte Version des *Munich-Composite International Diagnostic Interview* (M-CIDI) darstellt. Es ist ein modulares und flexibles diagnostisches Beurteilungssystem, das in reliabler und effizienter Weise die Diagnostik gemäss Forschungskriterien der Diagnosesysteme psychischer Störungen ICD-10 (*International Statistical Classification of Diseases and Related Health Problems*) und DSM-IV (*Diagnostic and Statistical Manual of Mental Disorders*) erleichtert. Ausserdem wurde ein Fragebogen zur Einschätzung der psychischen Gesundheitskompetenz eingesetzt: die *Mental Health Literacy Scale* (MHLS) von O'Connor und Casey (2015), die das Wissen, wie man sich um Informationen zur psychischen Gesundheit bemüht sowie die Einstellungen, die die Anerkennung psychischer Erkrankungen stärkt, erfasst.

4.6.1 Stichprobe

Die Stichprobe der Pilotstudie «inklusiv» umfasste $N = 39$ Personen. Tab. 4.2 zeigt deren Charakteristika, aufgeteilt auf die drei Messzeitpunkte zum Projekteintritt (t0), Projektaustritt (t1) und sechs Monate nach Austritt (t2).

4.6.2 Diagnosen

Von den 39 Teilnehmenden lag bei 4 Personen (10 %) keine, bei 12 Personen (31 %) eine und bei 23 Personen (59 %) mehr als eine Diagnose nach ICD-10 vor. Die meisten Diagnosen beziehen sich auf affektive Störungen (F30–F39) sowie neurotische,

Tab. 4.2 Stichprobe Pilotprojekt «inklusiv»

	t0		t1		t2	
	n (%)	M	n (%)	M	n (%)	M
Anzahl Teilnehmende	39		33		25	
Alter (in Jahren)		23,05		22,06		23,44
Geschlecht						
Weiblich	22 (57)		20 (60)		18 (72)	
Männlich	17 (43)		13 (40)		7 (28)	
Migrationshintergrund	24 (60)		19 (59)		14 (58)	
Ambulante Psychotherapie[a]	31 (78)		25 (76)		21 (84)	
Stationärer Aufenthalt[a]	15 (38)		7 (21)		3 (12)	
Psychopharmakakonsum (täglich)	18 (45)		19 (58)		15 (60)	
Drogenkonsum						
Mind. einmal im Leben	33 (83)		28 (84)		18 (72)	
Davon: < 1 Mal pro Monat	17 (52)		17 (59)		8 (44)	
1–3 Mal pro Monat	4 (11)		3 (12)		7 (37)	
> 1 Mal pro Woche	12 (37)		8 (29)		3 (19)	

Anmerkung. [a] in den letzten 12 Monaten

Belastungs- und somatoforme Störungen (F40–F48). In Tab. 4.3 sind alle Diagnosen der «inklusiv»-Teilnehmenden übersichtlich dargestellt.

4.6.3 Ergebnisse

Arbeitsfähigkeit: Die Arbeitsfähigkeit wurde anhand folgender drei Dimensionen operationalisiert: Arbeitsfähigkeit, gemessen durch den Work Ability Index (WAI, Hasselhorn & Freude, 2007), Selbstwertschätzung, gemessen mittels Rosenberg Selbstwert-Skala (RSES, Rosenberg, 1989) sowie der Selbstwirksamkeitserwartung, gemessen anhand der Skala zur Allgemeinen Selbstwirksamkeitserwartung (SWE, Schwarzer & Jerusalem, 1999). In den deskriptiven Analysen zeigte die Arbeitsfähigkeit (WAI) sowie die Selbstwirksamkeitserwartung einen Anstieg der Werte von eingeschränkt arbeitsfähig in Richtung einer verbesserten Arbeitsfähigkeit über die drei Messzeitpunkte. Zudem zeigte sich eine Verschiebung im Ranking von kritischer und mässiger zu guter und sehr guter Arbeitsfähigkeit. Die inferenzstatistischen Analysen zeigten einen signifikanten Anstieg der Selbstwertschätzung vom Messzeitpunkt t0 zu t1 und damit einen Verlauf von

Tab. 4.3 Pilotstudie «inklusiv» – ICD-10 Diagnosen

Code	Diagnose	Geschlecht (%)	
		weiblich	männlich
		22 (56)	17 (44)
F00 - F09	Organische, einschließlich symptomatischer psychischer Störungen		
F06.4	organische Angststörung	0	1
F10 - F19	Psychische und Verhaltensstörungen durch psychotrope Substanzen		
F10.2	psychische und Verhaltensstörungen durch Alkohol, Abhängigkeitssyndrom	1	0
F20 - F29	Schizophrenie, schizotype und wahnhafte Störungen		
F20.8	sonstige Schizophrenie	1	0
F30 - F39	Affektive Störungen (34)		
F31.6	bipolare affektive Störung, gegenwärtig gemischte Episode	1	0
F32.0	leichte depressive Episode	0	1
F32.1	mittelgradige depressive Episode	0	2
F32.2	schwere depressive Episode ohne psychotische Symptome	2	3
F32.3	schwere depressive Episode mit psychotischen Symptomen	1	0
F33.1	rezidive depressive Störung, gegenwärtig mittelgradige Episode	2	1
F33.2	rez. depr. St., gegenwärtig schwere Episode ohne psychotische Symptome	5	3
F33.3	rez. depr. St., gegenwärtig schwere Episode mit psychotischen Symptomen	2	1
F34.1	Dysthymia	6	4
F40 - F48	Neurotische, Belastungs- und somatoforme Störungen (37)		
F40.00	Agoraphobie ohne Angaben einer Panikstörung	2	1
F40.1	Soziale Phobien	1	2
F40.21	spezifische (isolierte) Phobie, Phobie vor Tieren	1	0
F40.22	spezifische Phobie, Phobie vor der natürlichen Umgebung	0	1
F40.23	spezifische Phobie, Phobie vor Blut, Injektionen und Verletzungen	1	0
F41.0	Panikstörung (episodisch paroxysmale Angst)	2	0
F42.8	sonstige Zwangsstörung	2	0
F43.1	Posttraumatische Belastungsstörung	5	2
F45.1	undifferenzierte Somatisierungsstörung	5	0
F45.4	anhaltende Schmerzstörung	6	6
F50 - F59	Verhaltensauffälligkeiten mit körperlichen Störungen und Faktoren		
F50.0	Anorexia Nervosa	1	0
F50.1	Atypische Anorexia Nervosa	1	0

Anmerkung. $N = 39$. Keine Diagnosen: $n = 4$ (10 %), 1 Diagnose $n = 12$ (31 %), >1 Diagnosen $n = 23$ (59 %)

einem eher tiefen zu einem mittleren Selbstwertniveau (s. Abb. 4.1). Bezüglich Arbeitsfähigkeit und Selbstwirksamkeitserwartung zeigten sich allerdings keine inferenzstistisch signifikanten Veränderungen über die Zeit.

Psychische Gesundheit: Die psychische Belastung (GSI) zeigte deskriptiv eine abnehmende Tendenz über die Zeit, die jedoch nicht signifikant war und auf einem höheren Niveau im Vergleich zur Normstichprobe (Franke, 2000) blieb. Der Anteil der «Fälle» blieb von Messzeitpunkt t0 (65 %) zu t1 (64 %) auf fast gleich hohem Niveau und sank zu t2 (41 %) erheblich ab. Die Unterschiede erreichten nicht statistische Signifikanz.

Gesundheitskompetenz: Die psychische Gesundheitskompetenz (MHLS) stieg über die drei Messzeitpunkte an. Auch die Bereitschaft, bei psychischen Problemen Hilfe in Anspruch zu nehmen (GHSQ), zeigte insbesondere in Bezug auf professionelle Hilfe

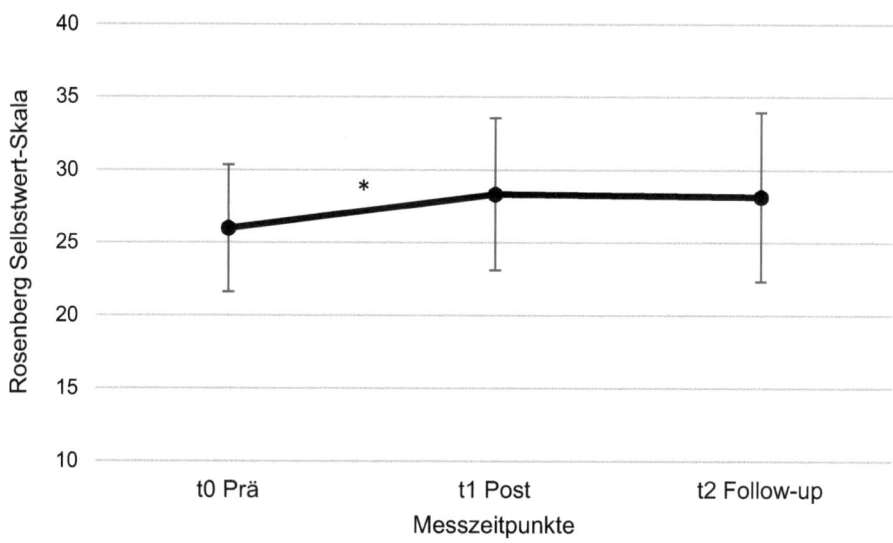

*Anmerkung. N = 39; Signifikanzniveau (p) * p < .05. ** p < .01. *** p < .001.*

Abb. 4.1 Selbstwertschätzung (Rosenberg Self-esteem Scale; RSES)

eine tendenziell positive Entwicklung. Besagte deskriptive Verbesserungen wurden jedoch inferenzstatistisch knapp nicht signifikant.

Zusammenfassend deuteten die Ergebnisse insgesamt in eine positive Richtung. Die Einschätzung des Selbstwertes zeigte vom Ein- zum Austrittszeitpunkt eine signifikante Verbesserung. Die Verbesserungen in der Arbeitsfähigkeit und Selbstwirksamkeitserwartung blieben jedoch inferenzstatistisch ohne Signifikanz. Die psychischen Belastungen waren zu Beginn auf einem hohen Niveau und nahmen über die Zeit etwas ab, aber auch hier nicht signifikant. Auch die Gesundheitskompetenz und das angemessene Hilfesuchverhalten nahmen tendenziell zu, allerdings nicht signifikant.

4.7 Ergebnisse der Hauptstudie «inklusiv plus»

4.7.1 Stichprobe

Die Stichprobe umfasst 231 Jugendliche und junge Erwachsene im Alter zwischen 15 bis 29 Jahren ($M = 18{,}17$, $SD = 2{,}71$; s. Tab. 4.4). Rund 67 % der Teilnehmenden wiesen einen Migrationshintergrund auf. Bei Projekteintritt befanden sich 36 % der Jugendlichen und jungen Erwachsenen in ambulanter psychotherapeutischer Behandlung. Weiterhin waren 19 % der Teilnehmenden im Zeitraum von 12 Monaten vor

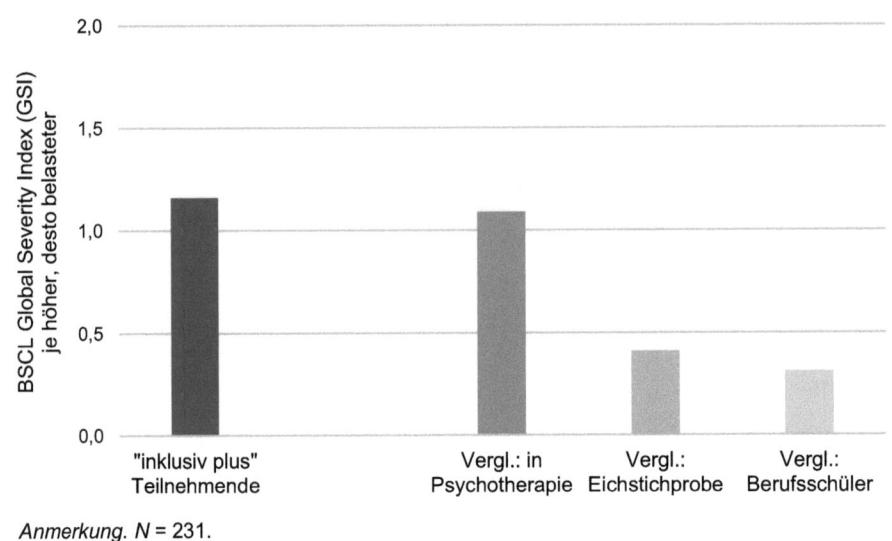

Abb. 4.2 Psychische Belastung (Bref Symptom Checklist; BSCL) bei t0

der Ersterhebung (t0) in einer psychiatrischen Klinik stationär in Behandlung gewesen. Es zeigt sich, dass die psychische Belastung der Teilnehmenden vergleichbar ist mit Patienten einer Psychotherapiestation (s. Abb. 4.2). Tab. 4.4 zeigt Charakteristika der inklusiv-plus-Stichprobe.

4.7.2 Beteiligung an den Gruppen

Die Teilnehmenden besuchten im Durchschnitt zehn Gruppensitzungen ($M = 9{,}71$, $SD = 8{,}63$). Dabei betrug die durchschnittliche Anwesenheitsrate 62 % (tatsächlich besuchte Gruppensitzung im Verhältnis zu sämtlichen Gruppensitzungsterminen). Insgesamt besuchten 151 Teilnehmende fünf oder mehr Gruppensitzungen, die übrigen 80 Teilnehmenden beteiligten sich null- bis viermal an den Gruppensitzungen.

4.7.3 Einzelgespräche

Einzelgespräche wurden während der Projektdauer intensiv genutzt. Exemplarisch wird nachfolgend die Inanspruchnahme der Einzelgespräche bei zwei Motivationssemestern und zwei Arbeitsintegrationsprogrammen aufgezeigt. Im «SEMO 1» wurden insgesamt 48 Einzelgespräche geführt, was die höchste Anzahl unter allen Projektpartnern darstellte.

Tab. 4.4 Stichprobe Pilotprojekt «inklusiv plus»

	t0		t1		t2	
	n (%)	M (SD)	n (%)	M (SD)	n (%)	M (SD)
Anzahl Teilnehmende	231 (100)		177 (77)		141 (61)	
Alter (in Jahren)		18,17 (2,71)		18,10 (2,61)		18,30 (2,76)
Geschlecht						
Weiblich	120 (52)		100 (56)		73 (52)	
Männlich	107 (46)		72 (41)		63 (45)	
Andere	4 (2)		5 (3)		5 (3)	
Migrationshintergrund	141 (67)		106 (65)		86 (67)	
Ambulante Psychotherapie[a]	81 (36)		72 (41)		73 (45)	
Stationärer Aufenthalt[a]	44 (19)		20 (11)		23 (16)	
Psychopharmakakonsum (täglich)	43 (19)		41 (24)		31 (22)	
Drogenkonsum						
Mind. einmal im Leben	133 (59)		100 (58)		81 (58)	
Davon: aktuell gar nicht mehr	107 (48)		84 (48)		68 (48)	
< 1 Mal pro Monat	33 (15)		26 (15)		20 (15)	
1–3 Mal pro Monat	33 (15)		26 (15)		20 (15)	
> 1 Mal pro Woche	49 (22)		38 (22)		30 (22)	

Anmerkung. [a] in den letzten 12 Monaten

Diese Gespräche wurden mit 19 verschiedenen Jugendlichen und jungen Erwachsenen geführt. Von diesen waren sechs Teilnehmende von «inklusiv plus», während 13 Jugendliche reguläre Motivationssemester-Teilnehmende waren. Insgesamt wurden also mehr als doppelt so viele Einzelgespräche mit Jugendlichen und jungen Erwachsenen, die nicht an der Gruppe teilnahmen, geführt. Durchschnittlich wurden 2,5 Einzelgespräche pro Projektteilnehmenden ($SD = 1,8$) in Anspruch genommen. Im «SEMO 2» fanden 13 Einzelgespräche mit neun verschiedenen Jugendlichen und jungen Erwachsenen statt. Fünf davon waren Gruppenteilnehmende und vier davon nicht. Sie nahmen durchschnittlich 1,4 Einzelgespräche ($SD = 0{,}7$) in Anspruch. Bei «AIP 1» wurden insgesamt sechs Einzelgespräche mit vier verschiedenen Gruppenteilnehmenden durchgeführt. Damit beanspruchten sie durchschnittlich 1,5 Einzelsitzungen ($SD = 0{,}9$). Innerhalb von «AIP 2» nahmen vier Jugendliche und junge Erwachsene insgesamt neun Einzelgespräche in Anspruch, zwei Gruppenteilnehmende und zwei reguläre Programmteilnehmende. Es erfolgten durchschnittlich 2,3 Einzelgespräche ($SD = 1{,}6$).

Die Einzelgespräche waren vielfach Türöffner für weiterführende Psychotherapien. Die Jugendlichen und jungen Erwachsenen nutzten die Gelegenheit, persönliche Anliegen und Schwierigkeiten auf niederschwelligem Wege im Einzelsetting mit der psychotherapeutischen Fachperson zu bearbeiten. Damit wurden teilweise auch akute Situationen entschärft, was nicht nur für die Teilnehmenden, sondern auch für die Institutionsmitarbeitenden eine Entlastung bedeutete. Nicht zuletzt erwies sich dieses Angebot als ideal zur Überbrückung der derzeit sehr langen Therapieplatz-Wartezeiten. Damit gelang es in den entsprechenden Institutionen, der anhaltend-prekären Versorgungssituation im Jugendbereich zumindest ein wenig entgegenzuwirken.

4.7.4 Anschlusslösungen

Vor dem Hintergrund, dass es sich bei den Teilnehmenden vorwiegend um diejenigen Jugendlichen und jungen Erwachsenen handelte, die stark belastet und/oder schwierig zu vermitteln waren, zeigte sich eine relativ hohe Anschlusslösungsquote. Zum Austrittszeitpunkt (t1) hatten rund 54 % der Teilnehmenden bereits eine Anschlusslösung gefunden, während rund 18 % in Übergangslösungen verblieben (s. Abb. 4.3).

Für rund 28 % gab es zu diesem Zeitpunkt noch keine Anschlusslösung, da sie nach wie vor arbeitslos/stellensuchend, in einer Klinik oder in Rente waren. Zum Follow-Up-Zeitpunkt (t2) erhöht sich die Anzahl der Teilnehmenden mit einer Anschlusslösung auf rund 66 %, während lediglich noch 9 % in Zwischenlösungen und 25 % ohne Anschlusslösung waren. Vergleichswerte bietet die Untersuchung von Mühlebach (2017) die schweizweit mit Motivationssemester-Teilnehmenden durchgeführt wurde. In dieser Studie lag bei 62 % eine Anschlusslösung vor, rund 6 % waren noch in einer Zwischenlösung und 32 % ohne Anschlusslösung. Mit dieser Referenz zeigt sich, dass die Teilnehmenden von «inklusiv plus» eine ähnliche Rate erreichen.

Die Ergebnisse der übrigen Outcome-Variablen sollen in einem Forschungsartikel publiziert werden. Zusammengefasst lässt sich sagen, dass die im Pilotprojekt «inklusiv» vorwiegend deskriptiven Tendenzen in Richtung eines positiven Outcomes im Projekt «inklusiv plus» inferenzstatistisch weitgehend als signifikant bestätigt haben.

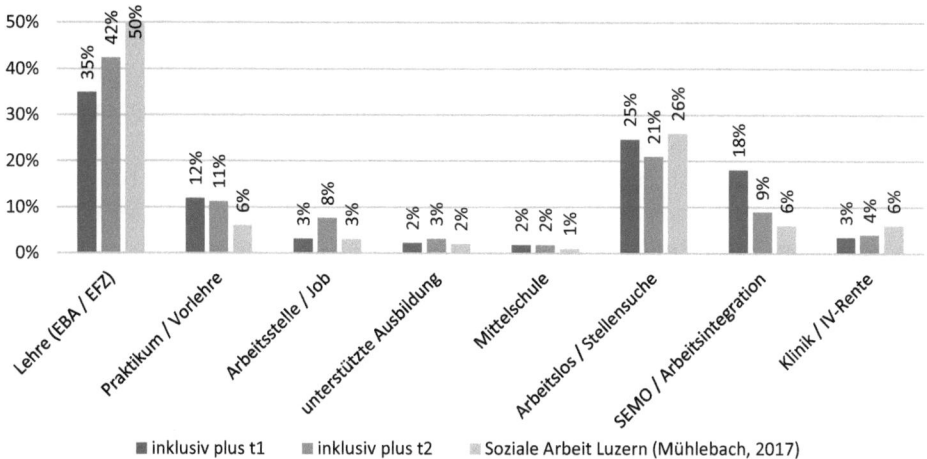

Anmerkung. N = 231; nt1 = 227, nt2 = 224. Bei Mühlebach (2017) N = 5078.

Abb. 4.3 Anschlusslösungen zum Messzeitpunkt t1 und t2

4.8 Diskussion

Die Indizes zur beruflichen Integration, psychischen Gesundheit und Hilfesuchintention sowohl bei «inklusiv» wie auch bei «inklusiv plus» zeigten durchwegs positive Verläufe, im Projekt «inklusiv plus» ausserdem signifikante Verlaufsergebnisse (Wehrli et al., 2024, zur Veröffentlichung eingereichtes Manuskript). Daraus folgt, dass auch in einem nicht-klinischen Setting Gruppentherapie umsetzbar ist und Teilnehmende deutlich davon profitieren können. Allerdings gibt es im nicht-klinischen Setting besondere Herausforderungen zu bewältigen, wobei spezifische Aspekte aus unserer Sicht wesentlich zum Gelingen der Integration des psychotherapeutischen Angebots in Motivationssemestern und Arbeitsintegrationsprogrammen beitrugen. Diese sollen im Folgenden thematisiert und diskutiert werden.

4.8.1 Anwesenheitsrate

Die oftmals fluktuierende und niedrige Anwesenheitsrate in den Gruppensitzungen war eine Herausforderung. Das Nichterscheinen der Jugendlichen und jungen Erwachsenen war allerdings Alltag der Motivationssemester und Arbeitsintegrationsprogramme. Die niedrige Anwesenheitsrate in den Gruppensitzungen wurde von unterschiedlichen Faktoren beeinflusst. Die Auswertung der Abwesenheitsgründe im ersten Projektjahr (von Sept. 2020 bis Sept. 2021) ergab, dass die Abwesenheiten am häufigsten unentschuldigt und am zweithäufigsten krankheitsbedingt erfolgten. Weiter waren externe Arbeitseinsätze (Schnuppern, Belastungstrainings, Bewerbungsgespräche etc.) sowie Ferientage der dritthäufigste Grund für Abwesenheiten. Unter der Kategorie «Covid» wurden alle covid-assoziierten Abwesenheiten erfasst wie Krankheitsfälle, Quarantänezeiten sowie Covid-Tests und Impfungen.

Ein Grossteil der Absenzen blieb allerdings unentschuldigt. War dies bei einzelnen Teilnehmenden wiederholt der Fall, stellte sich im interdisziplinären Austausch die Frage, ob der entsprechende Gruppenplatz freigehalten bleiben soll – gerade auch im Hinblick auf die teils längeren Wartelisten. Obschon kontrovers diskutiert, war im therapeutischen Setting wichtig, dass die Entscheidung über einen Gruppenausschluss mit Vergabe des Gruppenplatzes an neue Teilnehmende bei den psychotherapeutischen Fachpersonen lag.

4.8.2 Verantwortlichkeiten und Rollen

Die Rollenklärung und entsprechende Verteilung der Verantwortlichkeiten wurden a priori vorgenommen. Hierbei wurde festgelegt, wer aus dem Forschungsteam für welches Motivationssemester oder Arbeitsintegrationsprogramm bezüglich Kommunikation und Zusammenarbeit verantwortlich ist und welche der studentischen Mitarbeitenden bei welchem Projektpartner die Erhebungen durchführt. Weiter wurde seitens Motivationssemester oder Arbeitsintegrationsprogramm nebst der Geschäftsleitung eine weitere Ansprechperson bestimmt, welche sich für die operativen Abläufe verantwortlich zeichnete – i. d. R. ein fallführender Arbeitsintegrations-Coach. Schnell wurde klar, dass die Ansprechperson eine Schlüsselfigur einnahm, und entsprechend genügend zeitliche Ressourcen für ihre diversen Aufgaben bereitgestellt werden sollten: Bei ihr liefen die Fäden zusammen, sprich Anmeldungen von Teilnehmenden, Rückmeldungen der psychotherapeutischen Fachpersonen, Weisungen der Geschäfts- oder Programmleitungen und Organisatorisches der wissenschaftlichen Begleitung. Die Kommunikation wurde im Verlauf des Projekts stetig optimiert und erwies sich letztlich als wesentlich für die erfolgreiche Implementierung von «inklusiv plus». So wurden zum Beispiel nebst der schriftlichen Kommunikation auch regelmässige mündliche Austauschmöglichkeiten sowie physische Präsenz vor Ort unabdingbar.

Während der gesamten Projektdauer wurden mit allen Projektpartnern regelmässig gemeinsame Sitzungen durchgeführt. In der Regel bestand ein monatliches Sitzungsintervall, das je nach Situation phasenweise enger oder weiter gefasst wurde, etwa abhängig vom Rekrutierungsstand oder von ereignisreichen oder -armen Phasen.

4.8.3 Interdisziplinarität

Das Forschungsprojekt verdeutlichte, wie wichtig eine interdisziplinäre Zusammenarbeit ist. Durch die Zusammenarbeit der verschiedenen Fachkräfte konnten die Bedürfnisse der Teilnehmenden umfassend eingeschätzt und berücksichtigt werden. Dadurch wurde ein ganzheitlicherer Ansatz zur Arbeitsintegration geschaffen. Eine solche fachübergreifende Unterstützung wurde den unterschiedlichen Hintergründen, Fähigkeiten und Herausforderungen und damit individuellen Bedürfnissen der Teilnehmenden gerechter. Hindernisse wurden dank interdisziplinärer Zusammenarbeit schneller identifiziert und durch vielfältige fachliche Perspektiven effektivere Lösungen geschaffen. Wenn sich zum Beispiel die Belastung eines Teilnehmenden änderte, konnte oft ein Übergang nahtloser gestaltet und Beziehungsabbrüche eher vermieden werden. Zusammenfassend lässt sich sagen, dass die interdisziplinäre Kooperation dazu beitrug, die Teilnehmenden umfassend, individualisiert und effektiv zu unterstützen.

Zugleich ist auch festzuhalten, wie wichtig es war zu berücksichtigen, wie sich verschiedene Bereiche bzw. Disziplinen voneinander abgrenzten und ergänzten. Die Unterschiede zwischen den Fachgebieten betrafen in erster Linie deren Ziele, Methoden und Fachkenntnisse, auch wenn diese Bereiche oft ineinandergriffen und damit die Arbeit mit den Jugendlichen und jungen Erwachsenen erleichterten. Die psychotherapeutischen Fachpersonen konzentrierten sich hauptsächlich auf die individuelle psychische Gesundheit, behielten die begleitenden Gruppenprozesse im Auge und schufen mit ihrer Begleitung den Boden für neue Erfahrungen und Selbsterkenntnisse für die Teilnehmenden. Dabei traten pädagogisch-erzieherische Ansätze wie etwa Wissensvermittlung, Regelwerke oder Disziplinarmassnahmen grossenteils in den Hintergrund, um den therapeutischen Raum möglichst offen zu lassen und dem Entstehen einer «Schulkultur» entgegenzuwirken. Dass trotzdem ein enger Schulterschluss zwischen psychotherapeutischen Fachpersonen und Motivationssemester- oder Arbeitsintegrationsmitarbeitenden gelang, verlangte viel gegenseitiges Verständnis, Flexibilität und Absprachen. Die regelmässigen interdisziplinären Sitzungen waren hierfür unumgänglich.

4.8.4 Schweigepflicht als Gruppenregel

Eine wichtige Gruppenregel des therapeutischen Angebots für die teilnehmenden Jugendlichen und jungen Erwachsenen bestand in der Wahrung eines «Safe Space»: Inhalte, die in den Gruppentherapien bearbeitet wurden, sollten nicht nach aussen in den regulären Motivationssemester- oder Arbeitsintegrationsalltag gelangen. Ein zentraler Aspekt des geschützten Raums war die Schweigepflicht der psychotherapeutischen Fachpersonen. Die Schweigepflicht diente dem Schutz der Privatsphäre und Würde des Einzelnen, aber auch der Gruppe als Ganzes. Sie ist ausserdem berufsrechtlich gegeben als Grundlage für jegliche erfolgreiche Therapie. Dieser sichere Rahmen gewährleistete, dass sich die

Teilnehmenden mit all ihren persönlichen Facetten öffnen konnten – eine Grundvoraussetzung, um essenzielle therapeutische Prozesse in Gang zu bringen. Wie wichtig dieser Schutzraum für die Teilnehmenden war, zeigte auch, wie behutsam sie diesen wahrten.

4.8.5 Heterogenität der Gruppenzusammensetzung

Oftmals werden Gruppentherapien störungsspezifisch und damit homogen eingerichtet, zum Beispiel für Menschen mit einer Suchterkrankung, Persönlichkeitsstörung oder einer posttraumatischen Belastungsstörung. Die Gruppentherapien bei «inklusiv» und «inklusiv plus» dagegen waren in dieser Hinsicht sehr uneinheitlich. Entsprechend lagen bei den meisten Teilnehmenden verschiedenste und teilweise auch mehrere psychiatrische Diagnosen vor. Die Gestaltung einer adäquaten Gruppentherapie war für die psychotherapeutischen Fachpersonen auch in diesem Punkt eine Herausforderung. Im Projektverlauf zeigte sich denn auch bald, dass zum Anforderungsprofil einer psychotherapeutischen Fachperson ein langjähriger psychotherapeutischer sowie gruppentherapeutischer Erfahrungsschatz unerlässlich war.

4.8.6 Offenes Gruppensetting

Mit dem Umstand, dass Gruppenteilnehmende laufend Anschlusslösungen fanden, Gruppenplätze damit frei wurden und somit neue Teilnehmende dazustiessen, setzten sich die Gruppen vorzu neu zusammen. Die Anpassungsleistung jedes Einzelnen war damit stark gefordert. Die hohe Fluktuationsrate bedingte die Wahrung der Grundvoraussetzung «Safe Space» umso mehr. Nicht nur, dass die Teilnehmenden sich immer wieder erinnerten, dass Gruppeninhalte auch in der Gruppe blieben, sondern auch, dass die Gruppenleitung ein Kohärenzerleben stets validierte und aktiv ein überdauerndes, verbindendes Gruppengefühl im Sinne eines «Wir-Gefühls» förderte. Die Gruppendaten zeigten, dass Gruppenprozesse und -entwicklungen trotz stetigem Konstellationswechsel erfolgten. Dies dürfte nicht zuletzt auch auf den hohen Erfahrungsgrad der psychotherapeutischen Fachpersonen zurückzuführen sein.

4.8.7 Mehrsprachigkeit

Ein Motivationssemester wurde zweisprachig (nebst Deutsch auch Französisch) geführt. Hier mussten zusätzliche Anpassungen vorgenommen werden (z. B. Übersetzung der Fragebogen, Rekrutierung einer zweisprachigen psychotherapeutischen Fachperson). Trotz gut ausgearbeitetem Konzept brachte die Idee, eine Gruppe zweisprachig zu führen, einige

Herausforderungen bei der praktischen Umsetzung mit sich. Nach dem ersten Durchlauf musste das Konzept angepasst beziehungsweise die Gruppe nach Sprache aufgeteilt werden.

4.8.8 Wissenschaftliche Begleitung

Eine weitere Herausforderung war, dass Programmteilnehmende mit einer erfolgreichen Anschlusslösung nach Projektbeendigung vielfach nicht mehr erreichbar waren, weder von den Institutions- noch von uns Forschungsmitarbeitenden. Dies hatte zur Folge, dass anstehende Erhebungen ausblieben und damit wichtige Daten fehlten. Auch wenn, sobald ein baldiger Austritt bzw. Abbruch bekannt wurde, von allen Beteiligten her ein schneller Informationsfluss hin zu den entsprechenden Forschungsmitarbeitenden angestrebt wurde, blieb es doch über die gesamte Projektdauer hinweg eine wiederkehrende Herausforderung, im jeweiligen Einzelfall schnellstmöglich zu reagieren.

Zusammenfassend kann nochmals festgehalten werden, dass die interdisziplinäre Zusammenarbeit, die Gruppenbedingungen (vertraulich, heterogen, offen) und die fortlaufende Koordination bezüglich wissenschaftlicher Begleitung sehr wichtige und gleichsam herausfordernde Aspekte zur gelingenden Umsetzung und Implementierung des psychotherapeutischen Angebots im nicht-klinischen Setting Motivationssemester und Arbeitsintegrationsprogramm waren. Die psychotherapeutischen Fachpersonen spielten dabei eine zentrale Rolle. Es zeigte sich, dass ein breiter und langjähriger Erfahrungshintergrund ein wichtiges Kriterium für die entsprechende Funktion war.

Literatur

Bateman, A., & Fonagy, P. (2010). Mentalization based treatment for borderline personality disorder. *World Psychiatry, 9*(1), 11–15.

Bernard, H., Burlingame, G., Flores, P., Greene, L., Joyce, A., Kobos, J. C., Leszcz, M., MacNair-Semands, R. R., Piper, W. E., McEneaney, A. M. S., Feirman, D., & Science to Service Task Force, American Group Psychotherapy Association. (2008). Clinical practice guidelines for group psychotherapy. *International Journal of Group Psychotherapy, 58*(4), 455–542. https://doi.org/10.1521/ijgp.2008.58.4.455

Boardman, J., Grove, B., Perkins, R., & Shepherd, G. (2003). Work and employment for people with psychiatric disabilities. *The British Journal of Psychiatry, 182*(6), 467–468. https://doi.org/10.1192/bjp.182.6.467

Ehrenthal, J. C., Dinger, U., Schauenburg, H., Horsch, L., Dahlbender, R. W., & Gierk, B. (2015). Entwicklung einer Zwölf-Item-Version des OPD-Strukturfragebogens (OPD-SFK). *Zeitschrift für Psychosomatische Medizin und Psychotherapie, 61*(3), 262–274.

Ferring, D., & Filipp, S.-H. (1996). Messung des Selbstwertgefühls: Befunde zu Reliabilität, Validität und Stabilität der Rosenberg-Skala. *Diagnostica, 42*(3), 284–292.

Franke, G. F. (2017). BSCL. Brief-Symptom-Checklist (PSYNDEX Tests Review). Brief Symptom Inventory (BSI; DeRogatis, L. R. & Melisaratos, N., 1983) – German abbreviated version/author. Synonym(e): Brief Symptom Checklist. *2017 BSCL.*

Franke, G. H. (2000). *BSI. Brief Symptom Inventory – Deutsche Version. Manual.* Beltz. https://www.academia.edu/20871245/Franke_G.H._2000_._BSI._Brief_Symptom_Inventory_-_Deutsche_Version._Manual._G%C3%B6ttingen_Beltz

Fux, S. J., Stoll, F., Bergmann, C., & Eder, F. (2002). EXPLORIX – Das Werkzeug zur Berufswahl und Laufbahnplanung. https://www.testzentrale.ch/shop/explorixr-das-werkzeug-zur-berufswahl-und-laufbahnplanung-69429.html

Hasselhorn, H. M., & Freude, G. (2007). *Der Work Ability Index: Ein Leitfaden.* Wirtschaftsverl. NW, Verl. für Neue Wiss.

Holland, J. J., Gottfredson, D. C., & Power, P. G. (1980). Some diagnostic scales for research in decision making and personality: Identity, information, and barriers. *Journal of Personality and Social Psychology, 39*(6), 1191–1200. https://doi.org/10.1037/h0077731

Linden, M., Muschalla, B., Baron, S., & Ostholt-Corsten, M. (2018). *Mini-ICF-APP-Self-Rating (measurement for psychological capacities, 13 items, based on the internationally evaluated Mini-ICF-APP).* Open Access article on ResearchGate.

Mühlebach, C. (2017). *Auswertung der Umfrage bei den Motivationssemestern der Schweiz.* Hochschule Luzern, Soziale Arbeit.

O'Connor, M., & Casey, L. (2015). The Mental Health Literacy Scale (MHLS): A new scale-based measure of mental health literacy. *Psychiatry Research, 229*(1), 511–516. https://doi.org/10.1016/j.psychres.2015.05.064

Rosenberg, M. (1989). *Society and the adolescent self-image* (Rev. Aufl.). Wesleyan University Press.

Schmitt, D. P., & Allik, J. (2005). Simultaneous administration of the Rosenberg self-esteem scale in 53 nations: exploring the universal and culture-specific features of global self-esteem. *Journal of Personality and Social Psychology, 89*(4), 623–642. https://doi.org/10.1037/0022-3514.89.4.623

Schwarzer, R., & Jerusalem, M. (1999). *Skala zur Allgemeinen Selbstwirksamkeitserwartung.* Open Access article on ResearchGate.

Secker, J., Grove, B., & Seebohm, P. (2001). Challenging barriers to employment, training and education for mental health service users: The service user's perspective. *Journal of Mental Health, 10*(4), 395–404. https://doi.org/10.1080/09638230120041155

Steinebach, C., Schrenk, A., Steinebach, U., & Brendtro, L. K. (2018). *Positive peer culture.* https://content-select.com/de/portal/media/view/5c84e9cb-0d78-4fe7-96a9-646eb0dd2d03?forceauth=1

Vorrath, H. H., & Brendtro, L. K. (1985). *Positive peer culture* (2. Aufl.). Aldine.

Wehrli, R., Sabatella, F., & von Wyl, A. (2024). *«inklisiv plus» ": Group Psychotherapy in Vocational Integration Programs for Adolescents and Young Adults.* Manuscript submitted for publication.

Wilson, C. J., Deane, F. P., Ciarrochi, J., & Rickwood, D. (2005). Measuring help-seeking intentions: Properties of the general help-seeking questionnaire. *Journal of Counselling, 39*(1), 15–28.

Wittchen, H.-U., & Pfister, H. (eds.), (1997). *DIA-X-Interviews: Manual für Screening-Verfahren und Interview; Interviewheft Längsschnittuntersuchung (DIA-X-Lifetime); Ergänzungsheft (DIA-X-Lifetime); Interviewheft Querschnittuntersuchung (DIA-X-Monate); Ergänzungsheft (DIA-X-Monate); PC-Programm zur Durchführung des Interviews (Längs- und Querschnittuntersuchung); Auswertungsprogramm.* Swets and Zeitlinger, Frankfurt.

Ran Wehrli, MSc., lehrt und forscht an der Zürcher Hochschule für Angewandte Wissenschaften ZHAW. Zudem befindet er sich in fortgeschrittener psychotherapeutischer Weiterbildung und promoviert im Bereich der Gruppenpsychotherapieforschung, der Gesundheitsförderung und Arbeitsintegration von belasteten Jugendlichen und jungen Erwachsenen.

Dr. Filomena Sabatella ist Kinder- und Jugendpsychotherapeutin und co-leitet die Fachgruppe Klinische Psychologie im Kindes. und Jugendalter an der ZHAW Zürcher Hochschule für Angewandte Wissenschaften. In Ihrer Forschung setzt sie sich mit Übergängen in der Berufsbildung und mit Interventionsprogrammen für psychisch belastete Jugendliche auseinander und verfügt hier über langjährige Erfahrung.

Prof. Dr. Agnes von Wyl ist Professorin für Klinische Psychologie und Leiterin des Zentrums Klinische Psychologie und Gesundheitspsychologie an der ZHAW Zürcher Hochschule für Angewandte Wissenschaften. Sie ist eidgenössisch anerkannte psychoanalytische Psychotherapeutin in eigener Praxis in Zürich. In Lehre und Forschung liegen ihre Schwerpunkte in den Bereichen der Psychotherapieforschung, Säuglings- und Kleinkindforschung sowie Adoleszenz und Emerging Adulthood.

Institutionelle Perspektive auf inklusiv plus: Nutzen und Herausforderungen

Filomena Sabatella, Agnes von Wyl und Rahel Hubacher

Inhaltsverzeichnis

5.1 Methodik 71
5.2 Ergebnisse 71
5.3 Ausblick und Zusammenfassung der Erkenntnisse aus «inklusiv plus» 77
Literatur 79

«inklusiv plus» fokussierte auf Jugendliche und junge Erwachsene in Motivationssemestern und Arbeitsintegrationsprogrammen. Im Kapitel «Praktische Umsetzung» (Kap. 4) sind einige Ergebnisse der Outcome-Befragung dargestellt. In diesem Kapitel sollen als Ergänzung die Sicht der Motivationssemester und Arbeitsintegrationsprogramme auf das Projekt «inklusiv plus» beschrieben werden. Hierfür wurden diejenigen Personen befragt, die in ihrer Institution für die Implementierung von «inklusiv plus» verantwortlich waren.

F. Sabatella (✉) · A. von Wyl
Psychologisches Institut, ZHAW Zürcher Hochschule für Angewandte Wissenschaften, Zürich, Schweiz
E-Mail: filomena.sabatella@zhaw.ch

A. von Wyl
E-Mail: agnes.vonwyl@zhaw.ch

R. Hubacher
Departement für Darstellende Künste und Film, Zürcher Hochschule der Künste ZhdK, Zürich, Schweiz
E-Mail: rahel.hubacher@zhdk.ch

© Der/die Autor(en), exklusiv lizenziert an Springer-Verlag GmbH, DE, ein Teil von Springer Nature 2024
A. von Wyl und F. Sabatella (Hrsg.), *Gruppentherapie für arbeitslose Jugendliche und junge Erwachsene*, https://doi.org/10.1007/978-3-662-70150-8_5

Dies waren meist die Geschäftsleitenden und in Einzelfällen Fachpersonen der Arbeitsintegration. Der Einfachheit halber wird im Folgenden von Geschäftsleitenden die Rede sein.

Dieser Blick von aussen auf das Projekt ist für eine nachhaltige und langfristige Überführung des Projekts von der Forschung in die Praxis relevant. Soll ein Forschungsprojekt langfristig von der Praxis übernommen werden, sind nebst dem direkten Nutzen des Projekts weitere Faktoren relevant (Morris & Geraldi, 2011). Folgende Punkte wurden für den Kontext der Arbeitsintegration als wichtig erachtet und darauf angepasst:

1. **Ressourcenallokation:** Institutionen in der Arbeitsintegration verfügen häufig über begrenzte Ressourcen, seien diese finanzieller oder personeller Natur. Sollen innovative Projekte langfristig übernommen werden, muss sichergestellt werden, dass diese Ressourcen effizient auf Projekte verteilt werden, die einerseits die strategischen Ziele und Prioritäten der Institution unterstützen und andererseits den Bedürfnissen ihrer Teilnehmenden gerecht werden.
2. **Risikomanagement:** Die institutionelle Perspektive ermöglicht es, Risiken zu identifizieren und zu bewerten, die mit einem Projekt verbunden sind. Dies verhilft den Institutionen, dabei im Rahmen der eigenen Risikotoleranz zu bleiben.
3. **Koordinierung und Integration:** Projekte können oft in eine Vielzahl von Abteilungen oder Teams innerhalb einer Organisation eingreifen. Die institutionelle Perspektive hilft dabei, sicherzustellen, dass die verschiedenen Aspekte eines Projekts koordiniert und integriert werden, um die organisatorischen Ziele zu erreichen.
4. **Langfristige Auswirkungen:** Projekte können langfristige Auswirkungen auf die Organisation haben. Ein Projekt wie «inklusiv plus» führt zum Beispiel zu einer Erweiterung des Angebots. Die Befragung der Projektpartner hilft dabei, die langfristigen Implikationen von Projekten zu bewerten und sicherzustellen, dass sie die Ziele und die Nachhaltigkeit der Organisation unterstützen.
5. **Zusammenarbeit mit verschiedenen Interessengruppen:** Bei der Arbeitsintegration geht es oft um die Zusammenarbeit mit verschiedenen Interessengruppen wie Behörden, Bildungseinrichtungen und Unternehmen. Bezieht man sie bei der Evaluation eines Projekts mit ein, hilft es uns, die Bedürfnisse und Ziele dieser verschiedenen Akteure zu verstehen und sicherzustellen, dass das Projekt diese Interessen berücksichtigt.

Insgesamt hilft der Einbezug der institutionellen Perspektive sicherzustellen, dass Projekte nicht isoliert, sondern im Kontext betrachtet werden, in dem sich die teilnehmenden Institutionen bewegen. Dies ist insbesondere wichtig, wenn es um die Weiterfinanzierung von Pilotprojekten geht. Das Ziel eines Projekts soll immer dazu verhelfen, das Ziel der Institution – hier die berufliche Integration der arbeitslosen Jugendlichen – zu erreichen.

Deshalb wurde nach Projektabschluss eine qualitative Befragung der involvierten Projektpartner durchgeführt. Ziel war, folgende Fragen zu beantworten:

- Welchen Nutzen bringt das Gruppentherapieangebot «inklusiv plus» für die Teilnehmenden, die Mitarbeitenden und für den Arbeitsintegrationsstandort?
- Welche Herausforderungen zeigten sich im Implementationsprozess von «inklusiv plus» in das bestehende Praxisangebot?

5.1 Methodik

In die Befragung wurden sieben Fachpersonen und Geschäftsleitende aus sieben der zehn Institutionen eingeschlossen, in welchen das Programm «inklusiv plus» durchgeführt wurde. In allen Standorten wurde eine psychotherapeutische Fachperson als Leitung des Gruppentherapieangebots integriert, wobei die verschiedenen Standorte von unterschiedlichen Besonderheiten gekennzeichnet sind.

Besonderheiten der Stichprobe
Die Standorte unterschieden sich voneinander, eine genaue Auflistung und die jeweiligen Spezifika können der Tab. 4.1 entnommen werden. Im Zusammenhang mit den Besonderheiten der diversen Standorte wurden in den Interviews unterschiedliche Nutzen und Herausforderungen genannt, welche in den Ergebnissen aufgenommen werden.

Datenerhebung
Für die Gewinnung der Daten wurden leitfadengestützte Interviews geführt, welche auditiv aufgezeichnet wurden. Der Leitfaden wurde in verschiedene Themenbereiche unterteilt. Pro Angebotsstelle gab es auch einige spezifischen Fragen, um auf jeweilige Besonderheiten einzugehen. Die Interviews dauerten zwischen 60 und 90 min und wurden an unterschiedlichen Orten und teilweise online durchgeführt.

Datenaufbereitung und -auswertung
Die erhobenen Daten wurden nach den Transkriptionsregeln von Dresing und Pehl (2010) verschriftlicht. Die Interviews wurden in Schweizerdeutsch durchgeführt und ins Hochdeutsche adaptiert. Die Daten wurden mithilfe der Datenverarbeitungssoftware MAXQDA (VERBI Software, 2021) inhaltlich analysiert (Flick, 2018; Mayring, 2010).

5.2 Ergebnisse

Im Folgenden werden die Ergebnisse zusammengefasst und mittels weiterführender Zitate der Befragten belegt. Der Fokus der Auswertung liegt auf den wesentlichen Aspekten, die zum Gelingen der Projekteinbindung in das bestehende Arbeitsintegrationsangebot beigetragen haben, sowie auf Herausforderungen, die sich während der Projektumsetzung zeigten und für die weitere erfolgreiche Implementierung von «inklusiv plus» von Bedeutung sein könnten.

5.2.1 Nutzen von «inklusiv plus» aus der Sichtweise der Befragten

Die Wirksamkeitsbeurteilung vom gruppentherapeutischen Angebot «inklusiv plus» aus dem Blickwinkel der Praxispartner wurde für folgende drei Bereiche erhoben:

- Nutzen für die jugendlichen Teilnehmenden
- Nutzen für die Mitarbeitenden
- Institutioneller Profit

Nutzen für die jugendlichen Teilnehmenden Alle Geschäftsleitenden betonten die Niederschwelligkeit des Angebots als eine grundlegend wichtige Voraussetzung, um psychisch belasteten Jugendlichen kontinuierlichen Zugang zu einer psychologischen Beratung im Gruppensetting zu ermöglichen und dadurch eine nachhaltige Reduktion der Belastungssymptomatik zu erwirken.

«… dass wir ein Angebot haben, welches hier im Haus ist (…) einerseits die Gruppe, dass sie sich miteinander austauschen können, das Gefühl von ‹ich bin nicht alleine›, aber andererseits auch die Einzelgespräche, die wir auch sehr genutzt haben. Und das Tolle ist, dass die Therapeutin im Haus ist.»

Ein weiterer Punkt – ebenfalls im Zusammenhang mit der Niederschwelligkeit ausgeführt – betraf die Chance, bei Jugendlichen mit länger anhaltender Belastungssymptomatik durch das wöchentliche Therapieangebot eine unterstützende und selbstwertbestärkende Wirkung erzielen zu können. Die beteiligten Befragten konnten eine psychische Stabilisierung der Jugendlichen durch die längerfristige therapeutische Arbeit feststellen. Dabei wurde die Kontinuität der gruppentherapeutischen Intervention als essenzielle Grundlage für eine nachhaltige Verbesserung der psychischen Gesundheit sowie auch für die Entwicklung der beruflichen Integrationsfähigkeit der Jugendlichen beschrieben.

«Inklusiv plus bietet eine Stabilität für Jugendliche, die in sehr schwierigen Situationen sind. In Situationen, in denen sie eigentlich die Aufnahmekriterien bei uns, für unser SEMO, nicht wirklich erfüllen und es aber durch das Angebot gelungen ist, diese Stabilität und Verbindlichkeit herzustellen, dass sie da mitmachen.»

Aus der Sicht der Befragten wurde das Therapieangebot insbesondere auch als hilfreiches Auffangnetz für Jugendliche mit starken psychischen Belastungen hervorgehoben. Die organisationsinterne Verankerung von «inklusiv plus» bot ein unbürokratisches und zeitnahes Aufgleisen einer angemessenen therapeutischen Begleitung in Notfallsituationen bei Jugendlichen, die sich in akuten psychischen Krisen befanden. Dadurch konnte eine angemessene professionelle Unterstützung sichergestellt werden.

«Wir haben auch Jugendliche, die Suizidabsichten geäussert haben, und da waren wir froh, dass unsere Therapeutin die Situation mit ihnen einschätzen konnte und das mit ihnen zusammen angeschaut hat, wirklich als Fachperson.»

Als weiteren generellen Wirkfaktor von «inklusiv plus» nannten die involvierten Befragten das geschützte und vertraulich gehaltene Setting, in dem die Gruppentherapie durchgeführt wurde.

«Es gibt viele Themen, die Jugendliche mit sich herumschleppen, in dieser Phase von der Berufsfindung, aber auch von der Identitätssuche (…) und da hilft es, wenn man das mit ihnen anschauen kann und dass sie das mit Gleichaltrigen machen. Plus, dass eine Fachperson dabei ist, die dann den ganzen Gruppenprozess oder die Diskussion moderieren und steuern kann. Genau, das ist, denke ich, das Wertvollste des Ganzen.»

Neben den positiven Auswirkungen auf das Selbstwertgefühl und die Sozialkompetenzen der Jugendlichen konnten die Befragten auch eine Veränderung des Hilfesuchverhaltens feststellen. Durch die Teilnahme in der Gruppentherapie konnten die Jugendlichen lernen, dass die Inanspruchnahme von professioneller Hilfe auch zu positiven Veränderungen beitragen kann. Bei den Teilnehmenden konnten da die gruppentherapeutische Erfahrung der Angst vor Stigmatisierung entgegenwirken sowie gedankliche Hürden bei der Inanspruchnahme von psychiatrischer und psychotherapeutischer Unterstützung abgebaut werden.

«… wenn sie sich auf die Gruppe eingelassen haben, dann sind sie oft offener geworden in diesem Bereich und waren dann eher auch bereit, dass wir dann auch psychologische Begleitung in Form von Einzeltherapie aufgleisen konnten. Das gab es immer wieder und ich glaube, dadurch, dass es so niederschwellig war und dass wir es in der Gruppe durchführen können, ist das sehr wertvoll, um bei den Jungen zu sensibilisieren ‹du bist nicht allein und ich kann mir auch helfen lassen und ich kann auch Hilfe in Anspruch nehmen›. Das ist sicher ein ganz wichtiger Punkt. Ich glaube, es hat teilweise auch Krankheitseinsicht gegeben.»

Nutzen für die Mitarbeitenden Aus der Sicht der Organisationsleitung wurde «inklusiv plus» als grosse Entlastung für die Mitarbeitenden eingestuft. Insbesondere bei der Begleitung von psychisch stark belasteten Jugendlichen wurde die professionelle Unterstützung durch die psychotherapeutische Fachperson und die gemeinsame Absprache im Mitarbeitenden-Team zu angemessenen Unterstützungsmassnahmen als entlastend und hilfreich zurückgemeldet.

«Die Mitarbeitenden, gerade im Coaching, entlastet es natürlich enorm, wenn sie Teilnehmende begleiten, die Unterstützungsbedarf hätten, aber nirgends Platz finden, dann landet sehr vieles bei ihnen in den Gesprächen auf dem Tisch. Da ist es schwierig, sich danach abzugrenzen, weil wir nicht Therapeuten sind, wir müssen uns da abgrenzen und es ist einfach wahnsinnig schwierig dort dann zu sagen, dieses Thema kann ich mit dir nicht besprechen oder dieses Thema hat hier keinen Platz, du musst dir jemand anderes suchen. Und ja, vor einem sitzt eine junge Person, die Hilfe braucht. Und dort ist es eine riesige Entlastung. Dazu kommt auch, dass wir die Möglichkeit haben, mit der Therapeutin Rücksprache zu nehmen, wenn es um eine Einschätzung geht wie bei selbstgefährdetem oder selbstverletzendem Verhalten. Wir können fragen: ‹Ja was meinst du, müssen wir gerade intervenieren, ist es ein Notfall oder was würdest du sagen?› Auch das ist eine riesen Entlastung, dass wir da zeitnah und auch niederschwellig mit jemandem Rücksprache nehmen können, die oder der unsere Einschätzung teilt oder auch Entwarnung geben kann, und das ist gerade für die psychische Belastung der Mitarbeitenden sehr hilfreich.»

Im Zusammenhang mit der Möglichkeit des Rücksprachenehmens zwischen den Mitarbeitenden und der psychotherapeutischen Fachperson betonten die Geschäftsleitenden erneut die Niederschwelligkeit als eine wichtige Grundlage. Durch die Einbettung der psychotherapeutischen Fachperson ins Motivationssemester oder das Arbeitsintegrationsprogramm konnten bei Bedarf zeitnahe und unbürokratische Kommunikationswege genommen werden. Dank dieser niederschwelligen Möglichkeit eines interdisziplinären Fachaustauschs konnten für die jugendlichen Teilnehmenden geeignete Unterstützungsmassnahmen angepasst werden. Diese kontextsensiblen Anpassungen bei der Begleitung der Jugendlichen wurde von allen involvierten Seiten – Mitarbeitenden, Projektleitenden, psychotherapeutische Fachpersonen und Teilnehmenden – als hilfreich und wertvoll zurückgemeldet. Zudem erwies sich das Aufnehmen von psychotherapeutischen Überlegungen für die Praxis im Alltag im Motivationssemester oder des Arbeitsintegrationsprogramms als gewinnbringend für die Arbeit mit den Jugendlichen. Die Inputs aus dem therapeutischen Fachwissen erwiesen sich anschlussfähig für die Praxistätigkeit und konnten im Arbeitsalltag leicht umgesetzt und genutzt werden.

«Unsere Therapeutin stand uns auch als Expertin zur Verfügung. Also wenn das Team irgendwelche Fragen hatte zu Themen im Bereich der psychischen Gesundheit, dann konnten sie sich an sie wenden. Es gab zum Beispiel Jugendliche, bei denen man reagieren musste, die eine Krise hatten (...) und das entlastet natürlich dann auch das Team, weil wir eine Art schnelle Triage vornehmen können und sagen können: ‹Schau da hast du eine Fachperson, und du kannst es mit dieser Person anschauen›.»

Im Arbeitsalltag konnten die psychotherapeutischen Fachpersonen zudem mithelfen, das dynamische Interaktionsgeschehen in seinem systemischen Zusammenspiel zu beleuchten und die Jugendlichen dabei zu unterstützen, ein Verständnis für die unterschiedlichen Perspektiven der involvierten Personen zu entwickeln. Dadurch konnte Fokus auf die Stärken und das Potenzial der Zusammenarbeit mit allen beteiligten Parteien geleitet werden.

Zudem wurde aus der Sicht der Geschäftsleitenden die Möglichkeit eines Beizugs der psychotherapeutischen Fachperson bei Kriseninterventionen als unterstützend zurückgemeldet. Generell nahmen die Projektleitenden eine Sensibilisierung für die Thematik von multifaktoriellen psychischen Belastungsfaktoren wahr. Sie beschrieben die interdisziplinäre Zusammenarbeit mit dem psychologischen Fachgebiet zudem als wertvoll bei der Entwicklung von Präventionsmassnahmen zum Erhalt und zur Stabilisierung der psychischen Gesundheit bei jugendlichen Arbeitssuchenden.

Institutioneller Profit Die befragten Geschäftsleitenden stuften die folgenden Faktoren der organisationsinternen Verankerung von «inklusiv plus» für die Weiterentwicklung der Institution als gewinnbringend ein:

- Angebot der Gruppentherapie
- Einzelgespräche – bei Bedarf – für die jugendlichen Teilnehmenden
- Attraktives Angebot als Standort für die Vermittlungszusammenarbeit mit externen Institutionen (Invalidenversicherung, Regionale Arbeitsvermittlungszentren)
- Möglichkeit der Aufnahme von Jugendlichen mit psychischen Belastungen ins Rahmenprogramm, deren Betreuungsbedarf ohne das therapeutische Angebot die Ressourcen und Kapazitäten der Standorte überstiegen hätte
- Zusammenarbeit mit organisationsintern angebundener psychotherapeutischer Fachperson
- Förderung von interdisziplinären Zusammenschlüssen zwischen den Mitarbeitenden
- Steigerung des Marketingwertes der Standorte durch die evidenzbasierte Praxis

Aus der Perspektive der Leitungsebene stiftete der Implementationsprozess von «inklusiv plus» eine sinnhafte Zusammenarbeit aller Beteiligten mit Fokus auf das gemeinsame Anliegen, die jugendlichen Teilnehmenden bestmöglich bei der beruflichen Integration in den Arbeitsmarkt zu begleiten und unterstützen.

5.2.2 Herausforderungen bei der Verankerung von «inklusiv plus» in die Organisationsstruktur

Die Darstellung der aufgetretenen Herausforderungen aus institutioneller Sicht gliedert sich chronologisch entlang der durchlaufenen Projektphasen bei der Umsetzung von «inklusiv plus» in die Praxis.

Planungs- und Umsetzungsphase Zu Beginn spielte die klar strukturierte Vermittlung des Projekts eine grosse Rolle für die sinnhafte Einbindung aller Beteiligten. Der Erfahrungswert aus dieser Phase zeigte, dass die Einplanung von zusätzlichen zeitlichen Ressourcen für Justierungen und erforderliche Anpassungen innerhalb der Organisationen von hohem Stellenwert waren. In dieser Anfangsphase erwies sich zudem die regelmässige Einplanung von Kommunikationsgefässen zwischen der Leitungsebene, den involvierten Mitarbeitenden-Teams, der psychotherapeutischen Fachperson und der Forschungsgruppe als essenziell für eine wirksame Umsetzung in der Praxis. Eine vorausgehende differenzierte Planung, einschliesslich der klaren Definition von Verantwortlichkeitsbereichen und Rollenzuteilungen, stellte sich als relevante Grundlage für den Transfer in die bestehenden Strukturen der Standorte heraus. Aus Leitungssicht erwies sich in dieser Anfangsphase die Aufnahme einer externen psychotherapeutischen Fachperson mit einem niedrigprozentigen Präsenzpensum in das bestehende Team als organisatorisch herausfordernd. In den verschiedenen Standorten wurden dazu von den Leitenden unterschiedliche organisationsinterne Lösungsansätze initiiert wie beispielsweise der Einbezug der Therapeutin in die regelmässigen Teamsitzungen, die Einführung von fallspezifischen Supervisionen oder das Einrichten von gemeinsamen Kaffeepausen, um den beteiligten Fachpersonen den Rahmen für einen informellen Austausch und eine fachübergreifende Vernetzung zu ermöglichen. In allen sieben Standorten war die Integration der externen Therapiefachperson in das bestehende Team dank der unternommenen Massnahmen gelungen. Dabei ist wichtig, in Erinnerung zu rufen, dass die Aufgaben der Therapeut:innen nicht alleine die Durchführung der Gruppentherapie und bei Bedarf das Angebot von Einzelgesprächen für die Jugendlichen umfasste, sondern auch die Konzeption von Weiterbildungsangeboten für die Mitarbeitenden sowie organisatorische Koordinationsaufgaben in Absprache mit den Befragten der beteiligten Motivationssemester- oder Arbeitsintegrations-Institutionen. Eine weitere Herausforderung ergab sich bei der konkreten Umsetzung des gruppentherapeutischen Angebots in das bestehende Rahmenprogramm. Die organisationale Koordination von «inklusiv plus» in Abstimmung mit den Pflichtangeboten im Rahmen des Leistungsauftrags der Arbeitsintegration gestaltete sich unter der Berücksichtigung der individuell angepassten Lernziele der jugendlichen Teilnehmenden komplex und aufwendig. Diesem Umstand kann bei zukünftigen Projektimplementierungen mit der Einplanung von zeitlichen Ressourcen für die vorgängige Abklärung der ortsspezifischen Gegebenheiten entgegengewirkt werden.

Durchführungsphase Neben der Konzeption der gruppentherapeutischen Intervention, die für alle Standorte in gleicher Weise vorgesehen war, zeigten sich in der Durchführungsphase Besonderheiten und Spezifika der beteiligten Standorte, die einen iterativen Adaptionsprozess in der Praxis erforderten. Die Berücksichtigung der Besonderheiten der Motivationssemester und Arbeitsintegrationsprogramme betraf vorwiegend die unterschiedliche Grösse der Organisationen sowie die Heterogenität der Gruppenkonstellationen und den Bedarf von Ressourcen für die Begleitung von Jugendlichen mit akuter psychischer Belastungssymptomatik. Bei der Einbindung der psychotherapeutischen Fachperson in das bestehende Team spielte die Grösse der verschiedenen Standorte eine entscheidende Rolle. Kleinere Organisationen boten disponible Bedingungen, die einer raschen Integration dienlich waren, für grosse Institutionen bedeutete es einen komplexeren koordinatorischen Aufwand auf der Ebene der Organisationsstruktur. Ein weiterer Punkt, der aufgrund der Spezifika der beteiligten Standorte individuelle Lösungsansätze in der Praxiseinbindung erforderte, betraf die Rekrutierung der Teilnehmenden und den Umgang mit der wechselnden Gruppenkonstellation. «inklusiv plus» richtete sich von der Konzeption her an alle Jugendlichen, die sich im Programm eines Motivationssemesters oder in einem Arbeitsintegrationsprogramm befanden, und beinhaltete eine Teilnahme auf freiwilliger Basis. Bei Standorten, die eine Zunahme von psychisch belasteten Jugendlichen wahrgenommen hatten, bestand eine erhöhte Nachfrage für das Angebot. Bei zwei Standorten, die ebenfalls mit einer Zunahme von schwer belasteten Jugendlichen konfrontiert waren, konnten die Einzelgespräche genutzt werden, um den Bedarf aufzufangen. Somit ergaben sich bei sechs Standorten offene, heterogene Gruppenkonstellationen, bei denen die Anmeldung durch die Jugendlichen und jungen Erwachsenen selbst erfolgte. Ein Standort war von grossen Unterschieden in den sprachlichen Kenntnissen geprägt. Hier wurde ein Lösungsansatz in Form einer Einführungswoche gefunden. In allen Standorten waren die wöchentlichen Gruppentherapiesessions auf 90 min festgesetzt und sie sahen inhaltliche Themenschwerpunkte vor, die im Leben der Jugendlichen von Relevanz sind. Die vorgenommene inhaltliche Themensetzung erwies sich, laut den befragten Geschäftsleitenden, als zielführend beim eigenverantwortlichen Aufgleisen der erforderlichen Handlungsschritte durch die Jugendlichen im Findungsprozess einer beruflichen Anschlusslösung.

Konsolidierungsphase Eine wichtige Rolle über den gesamten Implementierungsprozess, jedoch besonders auch für die Festigung und Weiterführung von «inklusiv plus», spielte das hohe Engagement der Mitarbeitenden und die vollumfängliche Unterstützung bei der Projektumsetzung durch die verantwortlichen Praxis-Projektleitenden. Die offene Haltung gegenüber dem Implementierungsgegenstand seitens aller beteiligten Teams zeigte ebenfalls einen positiven Einfluss auf die nachhaltige Verankerung des Angebots in den Motivationssemestern und Arbeitsintegrationsprogrammen. Als grösste Herausforderung für die weitere Durchführung und Sicherung des gruppentherapeutischen Angebots im Rahmen der Arbeitsintegration stellte sich die Akquise finanzieller Mittel heraus. Für die längerfristige Installation von «inklusiv plus» ins Angebot der Motivationssemester und Arbeitsintegrationsprogramme wäre eine finanzielle Sicherung durch das öffentliche Finanzierungssystem auf kantonaler Ebene erforderlich.

5.3 Ausblick und Zusammenfassung der Erkenntnisse aus «inklusiv plus»

Die gewonnenen Erkenntnisse der inhaltsanalytischen Auswertung aus der retrospektiven Befragung mit den sieben Geschäftsleitenden werden in Tab. 5.1 und 5.2 zusammengefasst.

Alle beteiligten Geschäftsleitenden stuften die organisationsinterne Verankerung von «inklusiv plus» als gewinnbringend ein für eine förderliche nachhaltige Prozessbegleitung der jugendlichen Teilnehmenden bei der Findung einer beruflichen Anschlusslösung. Insbesondere der Aspekt einer nachhaltigen Verbesserung und Stabilisierung der psychischen Gesundheit wurde für die Entwicklung der beruflichen Integrationsfähigkeit in den Arbeitsmarkt als substanziell und nutzbringend beschrieben. Auf der Ebene der

Tab. 5.1 Nutzen von «inklusiv plus» für die Teilnehmenden, Mitarbeitenden und beteiligten Institutionen

Nutzen für die jugendlichen Teilnehmenden:
- Niederschwelliges Angebot, kontinuierlicher Zugang zu einer psychologischen Beratung im Gruppen- und Einzelsetting
- Nachhaltige Reduktion der psychischen Belastungssymptomatik
- Psychische Stabilisierung durch die längerfristige therapeutische Arbeit
- Positive Entwicklung der beruflichen Integrationsfähigkeit
- Sicherstellung von professioneller Unterstützung in Notfallsituationen und therapeutische Begleitung in akuten psychischen Krisensituationen
- Vertraulicher Rahmen des Gruppentherapie-Settings
- *Peer-to-Peer*-Effekt (*Positive Peer Culture*; PPC)
- Fokussierung auf Themenbereiche, die im Kontext der beruflichen Integration für die Jugendlichen von hoher Dringlichkeit waren
- Positive Auswirkungen auf den Selbstwert und die Sozialkompetenzen
- Ausdifferenzierung des Hilfesuchverhaltens. Sensibilisierung für die Inanspruchnahme von professioneller Hilfe
- Reduktion der Angst vor Stigmatisierung. Abbau von Hürden bei der Inanspruchnahme von psychotherapeutischer Unterstützung

Nutzen für die Mitarbeitenden:
- Fachübergreifende, kontextsensible Absprachen bei Anpassungen von Unterstützungsmassnahmen und der Begleitung von Teilnehmenden
- Interne, zeitnahe und unbürokratische Kommunikationswege
- Entlastung für die Mitarbeitenden bei der Begleitung von psychisch akut belasteten Jugendlichen in Notfallsituationen durch die psychotherapeutische Fachperson
- Fokus auf Stärken und Potenzial der Zusammenarbeit aller Beteiligten
- Intern verankerte psychologische Vertrauensstelle
- Sensibilisierung für die Thematik von multifaktoriellen psychischen Belastungsfaktoren
- Interdisziplinäre Entwicklung von Präventionsmassnahmen zum Erhalt und zur Stabilisierung der psychischen Gesundheit der Jugendlichen

Institutioneller Profit:
- Angebot einer Gruppentherapie und bei Bedarf Einzelgespräche
- Attraktives Angebot für die externe Vermittlungszusammenarbeit
- Ressourcen und Kapazitäten für die Aufnahme von Jugendlichen mit psychischer Belastungssymptomatik
- Zusammenarbeit mit organisationsintern angebundener psychotherapeutischer Fachperson
- Förderung von interdisziplinären Zusammenschlüssen
- Steigerung des Marketingwertes durch evidenzbasiertes Praxisangebot

Mitarbeitenden und beteiligten Arbeitsteams erwies sich der interdisziplinäre Fachaustausch als profitabel bei der Adaption eines evidenzbasierten Unterstützungsangebotes ins Praxissetting. Organisationsintern spielte zu Projektbeginn die Vermittlung der gruppentherapeutischen Intervention eine grosse Rolle für die sinnhafte Einbindung aller Beteiligten. Der Erfahrungswert aus der Durchführung zeigte, dass das hohe Engagement

Tab. 5.2 Herausforderungen bei der Implementierung von «inklusiv plus» in die Organisation

Planungs- und Umsetzungsphase:
- Organisationsinterne Vermittlung des gruppentherapeutischen Angebots
- Einplanung von zeitlichen Ressourcen. Etablierung von regelmässigen Kommunikationsgefässen zwischen Leitungsebene, Mitarbeitenden-Teams, psychotherapeutischer Fachperson und Forschungsgruppe
- Klare Definition von Verantwortlichkeitsbereichen und Rollenzuteilungen
- Einbindung der Therapieperson in das bestehende Team
- Abstimmung mit den Pflichtangeboten des Leistungsauftrags

Durchführungsphase:
- Iterativer Adaptionsprozess bei der Berücksichtigung der standortsspezifischen Besonderheiten und Spezifika
- Konzeptionelle Anpassungen auf die Grösse des jeweiligen Standortes
- Komplexer koordinatorischer Aufwand in der Organisationsstruktur

Für die psychotherapeutische Fachperson
- Umgang mit wechselnder Gruppenkonstellation
- Integration von Jugendlichen mit akuter psychischer Belastung

Konsolidierungsphase:
- Ungesicherte Finanzierung und Planungsunsicherheit
- Akquise finanzieller Mittel/Beantragung von kantonaler Finanzierung

der Mitarbeitenden-Teams und die Unterstützung durch die Leitungsebene einen positiven Einfluss auf die Verankerung des Angebots im Rahmenprogramm hatte. In dieser Anfangsphase erwies sich die regelmässige Einplanung von zeitlichen Ressourcen und Kommunikationsgefässen zwischen der Leitungsebene, den involvierten Mitarbeitenden-Teams, der psychotherapeutischen Fachperson und der Forschungsleitung als essenziell für eine wirksame Umsetzung in der Praxis. Aus der Perspektive der Motivationssemester und Arbeitsintegrationsprogramme erwies sich «inklusiv plus» als nutzbringend bei der Begleitung von Jugendlichen mit erhöhten psychischen Belastungen. Als grösste Herausforderung für die Weiterführung sowie auch für die Projektimplementierungen in weiteren Motivationssemestern und Arbeitsintegrationsprogrammen stellten sich die ungesicherte Finanzierung sowie die damit verbundene Planungsunsicherheit heraus.

Literatur

Dresing, T., & Pehl, T. (2010). Transkription. In G. Mey & K. Mruck (Hrsg.), *Handbuch qualitative Forschung in der Psychologie* (S. 723–733). Springer.

Flick, U. (2018). *An introduction to qualitative research* (6th ed.). Sage.

Mayring, P. (2010). Qualitative Inhalts-Analyse. In G. Mey & K. Mruck (Hrsg.), *Handbuch qualitative Forschung in der Psychologie* (S. 601–613). Springer.

Morris, P. W., & Geraldi, J. (2011). Managing the institutional context for projects. *Project Management Journal, 42*(6), 20–32.

VERBI Software. (2021). *MAXQDA 2022 [computer software]*. Berlin, Germany: VERBI Software. Available from maxqda.com

Dr. Filomena Sabatella ist Kinder- und Jugendpsychotherapeutin und co-leitet die Fachgruppe Klinische Psychologie im Kindes. und Jugendalter an der ZHAW Zürcher Hochschule für Angewandte Wissenschaften. In Ihrer Forschung setzt sie sich mit Übergängen in der Berufsbildung und mit Interventionsprogrammen für psychisch belastete Jugendliche auseinander und verfügt hier über langjährige Erfahrung.

Prof. Dr. Agnes von Wyl ist Professorin für Klinische Psychologie und Leiterin des Zentrums Klinische Psychologie und Gesundheitspsychologie an der ZHAW Zürcher Hochschule für Angewandte Wissenschaften. Sie ist eidgenössisch anerkannte psychoanalytische Psychotherapeutin in eigener Praxis in Zürich. In Lehre und Forschung liegen ihre Schwerpunkte in den Bereichen der Psychotherapieforschung, Säuglings- und Kleinkindforschung sowie Adoleszenz und Emerging Adulthood.

Rahel Hubacher, MSc, Mitarbeit in Forschungsprojekten der Fachgruppe Klinische Psychologie und Gesundheitspsychologie im Rahmen ihres Studiums in angewandter Psychologie an der ZHAW. Lehrt im Praxisfeld Theaterpädagogik an der Zürcher Hochschule der Künste ZHdK.

Erfahrungen eines Psychotherapeuten: Worauf muss in der Arbeit mit komplex belasteten jungen Menschen geachtet werden?

6

Aurel Beck

Inhaltsverzeichnis

6.1	Ein innovativer Ansatz	81
6.2	Erfahrungen mit dem «nicht-klinischen Setting» oder: Voraussetzungen für die gruppentherapeutische Arbeit	82
6.3	«Komplex belastete Jugendliche und junge Erwachsene»: Anmerkungen zum Klientel in den Brückenangeboten	84
6.4	Anmerkungen zum Gruppensetting	90
6.5	Praxisbeispiele	93
6.6	Anmerkungen zum Leiten einer Gruppe mit komplex belasteten Jugendlichen und jungen Erwachsenen	96
6.7	Schlussbemerkungen: Zeugenschaft und Respekt	99
Literatur		100

6.1 Ein innovativer Ansatz

Frau Prof. Dr. Agnes von Wyl, die Leiterin der Fachgruppe klinische Psychologie und Gesundheitspsychologie des Psychologischen Instituts der Zürcher Hochschule für Angewandte Wissenschaften ZHAW, kontaktierte mich am 19.02.2019 mit der Frage, ob ich Interesse hätte, im Rahmen des Forschungsprojektes «inklusiv» die Leitung einer Gruppe für Jugendliche und junge Erwachsene in einem Arbeitsintegrationsprogramm (Startrampe/Lifetime health GmbH, Wetzikon) zu übernehmen. Sie umriss mir in Kürze

A. Beck (✉)
Praxisgemeinschaft Stauffacher, Zürich, Schweiz
E-Mail: aurel.beck@hin.ch

das Konzept. Mir gefiel die Idee, als Psychotherapeut dieser Klientel wie auch den Mitarbeitenden Fachwissen und Unterstützung direkt vor Ort zur Verfügung stellen zu können, aus mehreren Gründen. Jugendliche und junge Erwachsene bei der Bewältigung der psychischen Anforderungen der Arbeitsintegration zu unterstützen, damit sie in die Lage kommen, wieder am Ausbildungs- und Arbeitsprozess zu partizipieren, fokussiert einen zentralen Aspekt adoleszenter Identitätsentwicklung jenseits von Pathologie, der letztlich Teilhabe an der Gesellschaft ermöglicht. Weil Adoleszente per se für ihre Entwicklung Gleichaltrige und Peers brauchen, überzeugte auch die Wahl eines Gruppensettings. Dem Peer-Aspekt wurde im Projektrahmen im Vergleich zu einer rein gruppentherapeutischen Herangehensweise mit dem Einbezug des Ansatzes der Positive Peer Culture (Vorrath & Brendtro, 2013), welcher die Förderung der Resilienz durch gegenseitige Unterstützung durch Peers betont und dem Gruppenleiter eine eher moderierende Funktion zuweist, mehr Gewicht verliehen. Adoleszente wollen in der Regel voneinander lernen, Erfahrungen austauschen, Freundschaften schliessen und sich in Beziehungen erproben können. Schliesslich passte der Aspekte der Freiwilligkeit der Teilnahme bei gleichzeitiger Schweigepflicht gut zur Adoleszenz, in der autonomes Erproben entscheidend für die Entwicklung sind.

Zusammenfassend schien mir dieses Projekt innovativ, entwicklungs- und zielorientiert sowie eine Lücke in der Versorgungslandschaft Adoleszenter schliessend, sodass mir der Entscheid für eine Mitarbeit leichtfiel.

6.2 Erfahrungen mit dem «nicht-klinischen Setting» oder: Voraussetzungen für die gruppentherapeutische Arbeit

Wie sich im Laufe der weiteren Entwicklung des Forschungsprojektes «inklusiv» (2017–2019) hin zum Folgeprojekt «inklusiv plus» (2020–2022) mit Ablegern in Brückenangeboten in mehreren Kantonen zeigte, erwies sich eine gute Zusammenarbeit zwischen den psychotherapeutisch ausgebildeten Fachpersonen, den Forschungsmitarbeitenden der ZHAW und Mitarbeitenden in den Brückenangeboten als eine entscheidende Komponente für eine gelingende Arbeit.

▶ «Sowohl die klinische Erfahrung wie auch die Forschungsliteratur legen nahe, dass die Unterstützung und die Zusammenarbeit institutioneller Strukturen für den Erfolg von Gruppentherapien ganz wesentlich ist» (Leszcz & Kobos, 2017).

Es brauchte die Bereitschaft, Pionierarbeit zu leisten, und die Überzeugung, einen Mehrwert sowohl für die Teilnehmenden aber auch für Mitarbeitende schaffen zu können. Es musste anerkannt werden, dass die Arbeitsintegration für vulnerable junge Menschen eine psychische Herausforderung darstellt, beispielsweise um nach mehrmonatigem Leben ohne Tagesstruktur überhaupt rechtzeitig zu erscheinen und einen Tag durchstehen zu lernen oder sich wieder einem Bewerbungsprozess zu stellen, dem sie zuvor ausgewichen waren. Wo diese grundlegende Haltung trotz vertraglicher Klarheit und notabene gesicherter Finanzierung fehlte, waren die Durchführung erschwert, und der Nutzen des Angebots gefährdet.

6.2.1 Herausforderungen in der praktischen Umsetzung

Für die Durchführung der Gruppen war ein klares Setting wichtig. Dazu gehörte ein passender fixer Zeitpunkt im Wochenablauf der Brückenangebote, idealerweise nicht zu Randzeiten, um zu häufigen Abwesenheiten vorzubeugen. Es brauchte einen Raum mit passenden Lichtverhältnissen, Schall- und Sichtschutz sowie genügend Platz und Lüftungsmöglichkeiten, die letzteren natürlich Aspekte, welche während der Pandemie in den Vordergrund rückten. Diese Voraussetzungen, so die Erfahrungen der involvierten Psychotherapeutinnen, waren nicht immer gegeben und mussten teilweise auf kreativ-improvisatorische Weise geschaffen werden. Beispielsweise wurde in einem Brückenangebot eine angrenzende, mit Vorhängen unterteilbare Halle einer anderen Organisation für die Gruppensitzungen zwischengenutzt. Es brauchte Mitarbeitende in den Organisationen, welche sich für die Rekrutierung von Teilnehmenden einsetzten und die Übersicht über deren jeweilige An- oder Abwesenheiten hatten.

Weil für die Mitarbeitenden vor Ort die psychotherapeutische Arbeit nur bedingt als vertraut vorausgesetzt werden konnte, war es wichtig, *aktiv* Vermittlungs- und Beratungsarbeit zu leisten, zum Beispiel Sinn und Zweck von Freiwilligkeit und Schweigepflicht zu erklären, auch weil diese in einem gewissen Gegensatz zu den vor Ort üblichen Bedingungen (Mitarbeitende tauschen über Teilnehmende aus) standen. Um den Mitarbeitenden behilflich sein zu können und trotzdem die Schweigepflicht zu wahren, war es nützlich, bei beratenden Gesprächen den Fokus auf das jeweilige Problem oder Dilemma, welches *Mitarbeitende* im Umgang mit Teilnehmenden hatten, zu richten, also eben nicht *über* Teilnehmende wie im Rahmen einer Fallbesprechung zu reden. Beispielsweise nutzte eine Praktikantin das Beratungsangebot, um für sich die Frage zu klären, wie sie auf eine Klientin reagieren könnte, welche ihr im Sportunterricht verbal zu nahegekommen war, die sie aber nicht einfach hatte zurückweisen wollen. Psychotherapeutisches Wissen wurde auch im Rahmen von internen Weiterbildungen praxisnah zur Verfügung gestellt. Schliesslich halfen Krisengespräche oder Vermittlungsarbeit zu niedergelassenen Fachpersonen, Akzeptanz und Nutzen der psychotherapeutischen Hilfe zu fördern.

▶ Psychotherapeut:innen bewegen sich im nicht-klinischen Setting in einem Arbeitsumfeld mit anderen Zielsetzungen, Rahmenbedingungen und Anforderungen als üblich. Sie sind auf eine gute Zusammenarbeit mit Leitung und

Mitarbeitenden der Brückenangebote angewiesen, um wirksam sein zu können. Deswegen ist eine aktive Vermittlungsarbeit des eigenen Wissens und Könnens und eine hohe Bereitschaft für flexible Lösungen gefragt.

Erwähnt werden sollen zwei weitere Gesichtspunkte, welche für eine gelingende Arbeit wichtig waren. Die in den verschiedenen Brückenangeboten tätigen Psychotherapeut:innen leiteten die Gruppe allein, also ohne Co-Leitung. Um die dabei gewonnenen Erfahrungen und Fragestellungen besprechen und bearbeiten zu können fand eine regelmässige Supervisionsgruppe statt, welche der therapeutisch verantwortliche Projektmitarbeiter leitete. Dieser war zudem Bindeglied zur Projektleitung, die sich ebenfalls regelmässig traf, um anstehende Probleme zu besprechen.

Schliesslich muss auch auf die Bedeutung der zuweisenden und geldgebenden Stellen (z. B. Sozialversicherungen wie die in der Schweiz sogenannte Invalidenversicherung IV, Sozialhilfe der Gemeinden) verwiesen werden. Sie bestimmen Aufenthaltsdauer und Ziele entscheidend mit, formulieren Bedingungen, die erreicht werden müssen (beispielsweise ein bestimmtes Pensum), damit Anschlusslösungen (die Finanzierung einer weiterführenden Ausbildung) möglich werden.

▶ Psychotherapeut:innen müssen sich über den direkten Einfluss im Klaren sein, den die zuweisenden und geldgebenden Stellen auf die Klientel haben, indem sie Ziele vorgeben sowie finanzielle und zeitliche Rahmenbedingungen setzen.

Rahmenbedingungen hatten in diesen Projekten also einen entscheidenden Einfluss auf das Gelingen der psychotherapeutischen Arbeit. Das mag letztlich eine triviale Feststellung sein, insbesondere wenn günstige Rahmenbedingungen gegeben sind und deshalb nur im Hintergrund wirken. Ist dem jedoch nicht so, wird deren Bedeutung deutlich. Der Rahmen, in dem ein therapeutisches Angebot erfolgt, nimmt ein Einfluss auf das, was in diesem Rahmen geschieht (Haubl, 2018).

6.3 «Komplex belastete Jugendliche und junge Erwachsene»: Anmerkungen zum Klientel in den Brückenangeboten

Beim Klientel der Brückenangebote handelt es sich mehrheitliche um sogenannt «komplex belastete Jugendliche und junge Erwachsene». Was ist damit gemeint? Es handelt sich erstens um junge Menschen, die sich *im Entwicklungsprozess der Adoleszenz* befinden. Zweitens sind sie mehrfach, nämlich *psychisch, psychosomatisch und psychosozial* belastet. Im Folgenden werden die beiden Charakteristika soweit ausgeführt, damit die Lebensrealitäten der Teilnehmenden anschaulich werden. Deshalb in aller Kürze einige praxisrelevante Stichworte zur Entwicklung in der Adoleszenz und zu den komplexen Belastungen.

6.3.1 Stichworte zur Entwicklung in der Adoleszenz

Die Adoleszenz lässt sich als eine dynamische Übergangsphase vom Kind zum Erwachsenen beschreiben, welche umfassende körperliche, psychische, kognitive und soziale Veränderungen im Rahmen eines irreversiblen Prozesses beinhaltet. Dieser Prozess ist durch eine hohe interindividuelle Variabilität charakterisiert und findet in einer intensiven Auseinandersetzung mit der psychosozialen Umgebung statt. Er beginnt mit dem Einsetzen der Pubertät, (gegenwärtig bei Mädchen mit etwa zehn Jahren, bei Jungen mit 12 Jahren), das Ende dieser Entwicklungsphase ist weniger klar definiert, angenommen wird, dass die Hirnentwicklung mit 25 Jahren abgeschlossen ist (Jenni, 2021). Im Verlauf dieses Prozesses löst die vertraute Herkunftsfamilie Überdruss aus, Fremde und Fremdes machen neugierig, Risiken werden gesucht, oft in Selbstüberschätzung eingegangen, insbesondere in Gegenwart von Gleichaltrigen. Der wachsende und sexuell reif werdende Körper wird zur Herausforderung. Der Anspruch auf Autonomie steigt, Peers, Vorbilder und Freundschaften werden gesucht und gewählt. Erste sexuelle Erfahrungen und Beziehungen bis hin zu stabilen Partnerschaften werden erprobt. Um sich einen Platz in der Welt der Erwachsenen zu verschaffen, ist ein gewisses Mass an Aggressivität notwendig, der Schutz durch die Eltern steht nicht mehr in gleichen Masse wie in der Kindheit zur Verfügung.

Im Entwicklungsverlauf verbessern sich die kognitiven Werkzeuge, insbesondere die exekutiven Funktionen. Ab 16 Jahren verbessert sich die Handlungsplanung, abstrakte Denkfähigkeiten (Hypothesen bilden und testen) sowie die Fähigkeit zur Perspektivenübernahme entwickeln sich weiter, sodass Adoleszente sowohl Vorstellungen und Perspektiven anderer Personen besser verstehen, vergleichen und in einen soziokulturellen Kontext stellen können (Jenni, 2021). Sie kommen in die Lage, sowohl die Herkunftsfamilie als auch die Welt kritisch zu sehen. Zudem entwickeln Adoleszente eine erweiterte Vorstellung der Zeit, was sie einerseits zu Lebensentwürfen befähigt, andererseits den Tod als mögliches Risiko eigener Handlungen verstehen lässt (Bischof, 2020). Unfälle und Suizide sind die häufigste Todesursache von Adoleszenten, wenngleich sie insgesamt selten vorkommen.

Adoleszente wollen anders sein, anders fühlen, anders werten, anders leben, eben *autonom werden*. Wie sie sein wollen, das Herauszufinden ist die zentrale Entwicklungsaufgabe, vor der sie stehen und aus deren Beantwortung sich bestenfalls eine *erarbeitete Identität* (Marcia, 1980) entwickelt. Dazu gehört, und das ist in unserem Kontext wichtig, das Finden und Bestehen einer der eigenen Möglichkeiten entsprechenden Ausbildung und Arbeit.

Diese Entwicklung ist zwangsläufig von Krisen begleitet. «In ihrer Suche nach einem neuen Gefühl der Kontinuität und Gleichheit … haben manche Jugendliche sich noch einmal mit den Krisen früherer Jahre auseinanderzusetzen…» formulierte Erikson (1981, S. 131), darauf hinweisend, dass die Entwicklung in der Adoleszenz von den Erfahrungen in der frühen Kindheit beruht, also ob beispielsweise Bindungsbedürfnisse adäquat beantwortet wurden. Zu Beginn der Pubertät sind Einbrüche der Leistungsfähigkeit, Selbstzweifel und Stimmungsschwankungen häufig, sie gehen mit einer Verschlechterung der Regulation von eigenen Gefühlen und dem Erkennen von Emotionen bei anderen einher. Es muss ein Verlust an Geborgenheit bewältigt werden. Erfahrungen des Scheiterns, etwa im Sinne von Liebesenttäuschungen oder eben die Erkenntnis, für gewünschte Ausbildungen nicht die dafür nötigen Fähigkeiten zu haben, sind häufig. Diese Erfahrungen müssen in das Selbstbild integriert werden und machen Anpassungen nötig. Ansonsten drohen Ausweich-, Rückzugs- und Vermeidungsmanöver, um sich beispielsweise Beschämung, Erfahrungen von Ohnmacht und Nichtgenügen, aber auch um sich Neid, Hass- oder Rachegefühle (Salge, 2017) vom Leibe (und der Seele) halten zu können. Bereits Blos (1973) wies darauf hin, dass sich in der Spätadoleszenz zeigt, ob die individuellen Integrationsfähigkeiten ausreichend waren oder es aus Überforderung zu Stagnation, Defensivmanövern oder schweren Psychopathologien kommt.

Insofern lässt sich Adoleszenz immer auch als ein krisenanfälliger Prozess verstehen. Damit er gelingen kann, verfügen Jugendliche idealerweise über genügend gute frühe Geborgenheitserfahrungen, welche Zuversicht und Explorationsfreude gefördert und Erfahrungen eigener Wirksamkeit ermöglicht haben. Diese Erfahrungen sind beim Klientel in den Brückenangeboten oft nur bedingt gegeben, was der nun folgende Abschnitt illustriert.

6.3.2 Stichworte zu den komplexen Belastungen

In den Gruppensitzungen formulierten die Teilnehmenden folgende Belastungserfahrungen, welche ihr psychisches Erleben mitbestimmten. Es handelt sich nicht um eine abschliessende, sondern um eine ihre Lebenssituation illustrierende Aufzählung ohne Anspruch auf Vollständigkeit:

Erfahrungen von psychischen Beeinträchtigungen:

- schwere soziale Ängste und Phobien, sodass bspw. ein Telefonat für eine Schnupperlehre kaum möglich ist oder öffentliche Verkehrsmittel nicht benutzt werden können
- depressiv-antriebslose Zustände mit tageweisem Verbleiben im Bett
- erschwerte Affektregulation, stetige Sorge, von Gefühlen überwältigt zu werden
- gravierende Selbstwertprobleme, sich wenig zutrauen
- dissoziative Zustände, Flashbacks traumatischer Begebenheiten
- Zwänge, z. B. stundenlanges Putzen
- Gestörtes Essverhalten
- Emotional-instabile Zustände, Impulshandlungen, Selbstverletzungen

- sehr häufige Konzentrationsprobleme
- dissoziale Verhaltensweisen (u. a. auch Missachtung und Diskreditierung gesellschaftlicher Spielregeln in den Brückenangeboten selber)
- häufiger Cannabis- oder Alkoholabusus, oft im Sinne einer Selbstmedikation
- brauchen Psychopharmaka, um den Alltag einigermassen bewältigen zu können

Psychosomatische Beschwerden:

- Rücken-, Kopf-, Gelenkschmerzen
- Migräne
- Hautprobleme, Ekzeme
- Schlafstörungen, Müdigkeit
- Energielosigkeit
- Spannungszustände

Psychosoziale Belastungen:

- Konflikte mit der Herkunftsfamilie
- abwesende oder psychisch vulnerable Eltern oder Geschwister
- Migrationshintergrund, Fluchterfahrungen
- beengte Wohnsituation
- betreute Wohnformen
- leben teilweise sehr zurückgezogen, mit wenig Kontakten
- häufige Konflikte mit Peers und in Beziehungen
- manche unter den jüngeren Teilnehmenden sind verbeiständet
- in der Regel finanziell abhängig, verfügen über wenig Geld
- haben oft stationär-psychiatrische Aufenthalte hinter sich

Was an Bruchstücken aus ihren Vorgeschichten im Rahmen der Gruppengespräche auftaucht, lässt auf schwierige, von familiären Brüchen, Verlusten oder Vernachlässigung oder Traumatisierung geprägten Erfahrungen schliessen. Frühere Schul- oder Berufserfahrungen sind von Misserfolgen, oft auch von Ausgrenzung geprägt.

Es fehlt ihnen oft über mehrere Monate bis sogar Jahre eine mit Ausbildung oder Arbeit verbundenen Tagesstruktur. Es mangelt ihnen an regelmässigen sozialen Kontakten. Die Erfahrungen, die eigene Kompetenz unter Beweis stellen und als aktives Mitglied an der Gesellschaft teil haben zu können (Barwinski, 2011) fehlen.

6.3.3 Ressourcen, Fähigkeiten, konstruktive Beziehungserfahrungen

Angesichts der erwähnten Schwierigkeiten könnten sich Psychotherapeutinnen aber auch die Mitarbeitenden der Brückenangebote durchaus entmutigen lassen.

Die Erfahrungen in der Projektpraxis haben aber klar gezeigt, dass die Teilnehmenden oft über mehr oder weniger zugängliche Ressourcen, Fähigkeiten, Interessen und günstige Beziehungserfahrungen verfügen. Ohne Anspruch auf Vollständigkeit seien als Beispiele erwähnt:

Fähigkeiten:

- Handarbeiten (Häkeln, Stricken)
- technisch-handwerkliches Können
- vertiefte Kenntnisse in Tierhaltung und Tierpflege
- Musikalität, Tanz
- Zeichnerische Fähigkeiten
- Wissen und Können im Umgang mit neuen Technologien

Ressourcen:

- Beharrlichkeit
- Humor «trotz allem»
- Mitgefühl und Bereitschaft, andere zu unterstützen
- Toleranz für abweichende Lebensentwürfe
- Wille, einen eigenen Weg zu gehen

Diese Fähigkeiten und Ressourcen liegen manchmal brach und brauchen Gegenüber, welche sie wahrnehmen. Als Beispiel sei ein Teilnehmer erwähnt, dessen ruhige Hand einer Ateliermitarbeitenden im Rahmen einer Näharbeit aufgefallen war. Sie machte ihn darauf aufmerksam, was ihn für entsprechende Ausbildungen offen werden und schliesslich eine Lehre als Schneider beginnen liess!

Schliesslich sind *positive Beziehungserfahrungen* zu erwähnen, welche die Teilnehmenden in ihrem Leben bis anhin gemacht haben oder machen. Manchmal sind es Grosseltern, eine verständnisvolle Beiständin oder ein väterlicher Freund, die als hilfreich erlebt wurden. Eine Teilnehmende erzählte von ihrer Psychotherapeutin, welche sie durch alle Schwierigkeiten ihrer Kindheit und Jugend hindurch begleitet hatte. Teilnehmende haben mehrmals berichtete, dass sie erstmals im Rahmen des Arbeitsintegrationsprogramms die (sie durchaus auch irritierende!) Erfahrung machen konnten, bei vermeintlichem Fehlverhalten (z. B. zu spät kommen) auf verständnisvoll klärende Reaktionen seitens der Mitarbeitenden oder Bezugspersonen zu stossen.

▶ Psychotherapeut:innen orientieren sich in der Arbeit mit dem Klientel der Brückenangeboten primär an deren entwicklungsbedingten Autonomiestrebungen, an vorhandenen Ressourcen und bisherigen hilfreichen Beziehungserfahrungen. Sie wissen aber um den limitierenden Einfluss psychischer, psychosomatischer und psychosozialer Belastungen und kennen die damit verbundenen Vermeidungs-, Rückzugs- oder Verweigerungsstrategien.

Diese Skizze der Klientel in den Brückenangeboten lässt sich nun verwenden, um einige Grundannahmen abzuleiten, welche Form diese Jugendlichen und jungen Erwachsenen an Unterstützung brauchen.

Welche Bedürfnisse haben komplex belastete Jugendliche und junge Erwachsene?

- Weil den Teilnehmenden oft genügend gute grundlegende Erfahrungen von Sicherheit und Geborgenheit fehlen, sind sie auf eine Umgebung angewiesen, welche verlässlich, verfügbar und vorhersehbar (Zimmermann, 2017) ist.
- Da ihre Möglichkeiten angstfrei zu explorieren häufig eingeschränkt sind, ist es ein wesentliches Ziel, überhaupt neue Erfahrungen machen zu können.
- Da ihnen meist genügend gute Selbstwirksamkeitserfahrungen fehlen, ist der Fokus auf die Möglichkeit, sich als wirksam erleben zu können, zentral.
- Sie benötigen deutlich mehr Anregung und Unterstützung für ihre Entwicklung als andere Gleichaltrige.
- Sie brauchen für Ihre Entwicklung Übergangsräume und Übungsfelder in einer haltgebenden, aber auch flexiblen Umgebung wie in den Brückenangeboten.
- Um ihr Spektrum an gelingenden Bewältigungsversuchen zu erweitern, lernen sie allmählich, der Vermeidung, Verweigerung und Abwehr von Entwicklungsanforderungen dienenden Strategien zu überwinden.
- Sie verfügen sehr wohl über Ressourcen und konstruktive Beziehungserfahrungen, doch müssen diese aktiv erfragt oder erkannt werden.
- Ihre Zielsetzungen für die Zeit in den Brückenangeboten müssen im Sinne der Selbstverantwortung sorgfältig gemeinsam definiert werden.

6.4 Anmerkungen zum Gruppensetting

6.4.1 Forschung

Über die Wirksamkeit von Gruppen besteht in der Gruppenpsychotherapieforschung Einigkeit (Strauss & Burlingame, 2018). Auch den sog. supportiven Gruppen mit oder ohne Leitung wird eine gute Wirkung bescheinigt, was im konzeptuellen Zusammenhang des Projektes mit der Betonung des Peer-Aspektes von Bedeutung ist.

▶ Damit Gruppen nützlich sein können, muss klar sein, welche spezifischen Bedürfnisse die Teilnehmenden haben und es muss der Komplexität des Kontextes Rechnung getragen werden, in welchem die Gruppe angeboten wird (Strauss & Mattke, 2018).

Die spezifischen Bedürfnisse dieser Klientel haben wir im Abschn. 6.3 herausgearbeitet. Entscheidende Wirkfaktoren sind auf der sog. Prozessebene die emotionale Verbundenheit der Gruppe (Mitglieder und Leitung), ein gutes, wertschätzendes Gruppenklima und die Klarheit darüber, welche Ziele verfolgt und welche Aufgaben gelöst werden sollen (Strauss, 2022). Die Teilnehmenden sollen sich sicher gehalten fühlen und emotional beteiligen können, um in gegenseitiger Resonanz neue Erfahrungen im sozialen Miteinander machen zu können. Schwankungen der individuellen Befindlichkeit können in Gruppen besser ausgeglichen werden und im günstigen Fall kann sich eine Haltung des gemeinsamen Durchstehens entwickeln (Wagner & Ingersoll, 2013).

6.4.2 Gruppenfähigkeit als Entwicklungsaufgabe

Adoleszente müssen lernen sich in einem Gruppengefüge einzubringen, um dieses mitgestalten zu können (Fend, 1998).

▶ Sich in einer Gruppe bewegen lernen, lässt sich als eine Entwicklungsaufgabe für Adoleszente begreifen.

Dazu gehört, mit unterschiedlichen Sympathien und Gruppenkonstellationen klarzukommen. Das bedingt auch, eine eigene Perspektive zu entwickeln, diejenige der anderen verstehen zu lernen und daraus Ansätze für die Bewältigung aktueller Probleme zu ziehen.

6.4.3 Gruppenfähigkeit als Kompetenz

Ein grundsätzlich ausserordentlich wesentlicher, in der Regel aber wenig beachteter, Aspekt des Gruppensettings ist die Förderung basaler sozialer Kompetenzen. In einer Gruppe Worte finden für das, was beschäftigt, von sich erzählen lernen, anderen zuhören, sich auf sie einlassen und Resonanz bieten will gelernt sein. Es geht darum, zunehmend in die Lage zu kommen, sich über die Zeitdauer einer Gruppensitzung mehr mit Worten und weniger über Verhaltensweisen auszudrücken, also etwa eine andere Meinung zu formulieren und einzubringen, statt unruhig zu werden. So gesehen bietet jede Gruppensitzung die Möglichkeit, die Gruppenfähigkeit der Teilnehmenden zu fördern und eine gemeinsame Arbeit zu ermöglichen.

▶ Psychotherapeut:innen sind sich im Klaren darüber, dass Gruppensitzungen Arbeit an der für die Berufswelt wichtigen Kompetenz der Gruppen- und Teamfähigkeit sind. Sie fördern auch aus diesem Grund basale Formen des sozialen Austausches wie Erzählen und Zuhören und unterstützen kooperative Problemlösungen.

6.4.4 Praxis: strukturierende Elemente in den Gruppensitzungen

Damit Gruppensitzungen mit dieser Klientel gelingen können, sind strukturierende Elemente wichtig, welche Halt und Orientierung bieten.

Gemeint sind damit die *Gruppenregeln* und der in der Praxis häufig verwendete vorhersehbare *Ablauf einer Gruppensitzung* mit Einstiegs-/Befindlichkeitsrunde, dem Finden und Besprechen eines Themas und einer Abschlussrunde.

Der Verweis auf die Schweigepflicht und auf die Regel, dass das, was in der Gruppe besprochen wird, auch in der Gruppe bleiben soll, betont den Aspekt der Sicherheit und sorgt dafür, dass es Teilnehmenden angstfreier gelingen kann, von sich zu erzählen. Wichtig zu benennen sind auch die Grenzen der Schweigepflicht im Falle einer Selbst- oder Fremdgefährdung.

Weitere Regeln wie «jemand spricht, die anderen hören zu» sind als Grundprinzip des sozialen Austausches relevant, wenn auch klar ist, dass im Fluss eines Gruppengesprächs diese Regel dann und wann missachtet wird.

Zudem gilt die Regel, das eigene Erleben in den Fokus zu rücken, aus der Ich-Perspektive zu sprechen, und, ergänzend dazu, nicht über abwesende Dritte zu sprechen.

Im Umgang mit Konflikten mit Bezugspersonen vor Ort hat sich die Möglichkeit eines Gesprächs zu dritt als Handlungsoption entwickelt, was auch im umgekehrten Fall eine Möglichkeit ist, wenn Teilnehmende sich in der Gruppe nicht getrauen, Kritik an der

Gruppenleitung zu äussern, diese aber der Bezugsperson gegenüber zur Sprache bringen. Daraus wird auch ersichtlich, dass definierte Schnittstellen vor Ort mit den anderen Mitarbeitenden hilfreich sind.

Gerade weil das Klientel komplex belastet ist, ist davon auszugehen, dass eine Gruppensitzung manchmal auch überfordern kann, weil z. B. eine innere Spannung unerträglich wird oder Affekte schwerer kontrollierbar werden.

Es empfiehlt sich deshalb, ein für alle klares Vorgehen als Regel für den Notfall zu etablieren. Sinnvoll sind «Time-Out»-Regelungen mit zeitlichen Absprachen: «was willst Du jetzt tun, wann bist Du zurück, bei wem meldest Du Dich?».

Eine wichtige Frage ist auch, ob den Teilnehmenden ein schweigendes Mitdabeisein erlaubt sein soll. Unter Umständen, so die Erfahrung, ist das Schweigen für sie im Moment das einzig Mögliche und sollte toleriert werden, vorausgesetzt es geht der Person dabei nicht zunehmend schlechter.

▶ Psychotherapeut:innen wissen um die Notwendigkeit klarer, schutzbietender Regeln, welche auf die besonderen Bedürfnisse der Klientel abgestimmt sind.

Schliesslich noch eine Anmerkung zu Wünschen nach Aktivitäten während der Gruppensitzungen wie zeichnen, malen, stricken etc. Ein hilfreiches Prinzip kann sein: solange die Aktivität hilft, konzentrierter teilzunehmen und andere nicht stört, spricht nichts dagegen. Die Erfahrung zeigte, dass es vielen Teilnehmenden grundsätzlich schwerfällt, über eine längere Zeit konzentriert zu bleiben. Bei jüngeren Teilnehmenden kann es aber auch wichtig sein, auf der Differenz zu bestehen, die zwischen den Verhaltensanforderungen im Brückenangebot und dem Wunsch, sich wie zuhause fühlen zu können, existiert und also beispielsweise Sitzen auf dem Boden nicht zu erlauben.

6.4.5 Partizipation

Abschliessend eine Anmerkung dazu, wie eine Gruppe in einem anderen Brückenangebot mit der Ferienabwesenheit der Psychotherapeutin umgegangen ist. Nach deren Ferienankündigung wäre die Gruppe viermal ausgefallen, was in den Augen der Gruppenteilnehmenden viel zu lange dauerte. Sie fragten nach, ob es möglich wäre, dass sie sich zum üblichen Zeitpunkt ohne Leitung treffen könnten. Die Leitung des Brückenangebotes war einverstanden, es wurde ein Verantwortlicher und eine Stellvertretung bestimmt, in der Folge fanden drei Treffen ohne Leitung statt. Es gab keine Zwischenfälle, alle Beteiligten waren zufrieden gewesen, und die Jugendlichen waren schliesslich auch froh, dass sie die Verantwortung wieder an die Psychotherapeutin abgeben konnten.

▶ Psychotherapeut:innen fördern die aktive Partizipation der Teilnehmenden am Gruppengeschehen.

6.5 Praxisbeispiele

Zur Illustration im Folgenden einige Beispiele, wie die konzeptuelle Vorgabe der Kombination gruppentherapeutischer und peer- und gruppenmoderierende Ansätze in der Praxis konkret umgesetzt wurde.

▶ **Tintenfische** Eine junge Erwachsene, die seit gut einem halben Jahr in die Gruppe kommt und unter schweren sozialen Ängsten leidet, entscheidet sich im Laufe der Zeit, dass sie diese Ängste spezifisch in einer Klinik angehen muss, wenn sie eine Chance auf einen Ausbildungs- und Arbeitsplatz haben will. Auch in der Gruppe hat sie sich lange auf einer ausgesprochen zurückhaltenden Position beschränkt, fast nur auf Aufforderung gesprochen, und dann in der Regel mit Verweis darauf, dass nichts Besonderes, also Erzählenswertes geschehen sei. Hingegen war sie auf eine andere Art aktiv geworden. Sie hatte nämlich begonnen, in der Stunde kleine Tintenfische zu häkeln, welche zunehmend auf Interesse stiessen, im Sinne von: was machst Du denn da, ich hätte auch gerne einen. Wegen eingeschränkter Finanzen war dummerweise das Garn knapp. Sie hätte sich, wie sich herausstellte, bei der Sozialhilfe beschweren können, weil das ihr zustehende Geld nicht rechtzeitig eingetroffen war. Sie tendierte aber lieber dazu, abzuwarten. Zu gross waren ihre Hemmnisse, sich aktiv zu melden. Lieber nahm sie in Kauf, unter Druck zu geraten, ob sie bis Ende Monat noch zu essen (sic!) haben würde. Gefragt, was sie denn nun tun wolle, meinte sie, sie habe eigentlich vor, der Sozialhilfe eine E-Mail zu schreiben (telefonieren gehe gar nicht), auch ihr Freund pushe sie schon deswegen. Es falle ihr aber derart schwer, das zu tun, auch weil sie die Erfahrung gemacht hatte, dass sie nach Abschicken von Mails noch ewig darüber nachdenke, was sie hätte besser ausdrücken können, ein Grund mehr, das eben nicht zu tun. Mehrere Gruppenteilnehmende nicken, sie kennen das aus eigener Anschauung, und machen Beispiele dazu (nicht geöffnete Rechnungen o.ä.). Die Teilnehmerin lässt am Sitzungsende offen, was sie tun wird.

In der darauffolgenden Sitzung, in der sie in der Eingangsrunde nichts mehr dazu erwähnt, wird sie vom Gruppenleitenden darauf angesprochen. Sie meint, sie habe die E-Mail geschrieben. Die Gruppe applaudiert spontan und ihre Leistung, die bildlich gesprochen für sie eine Art Besteigung des Mount Everest darstellt, wird so gewürdigt. In der Folge kann sie ihre Ängste im Hinblick auf den bevorstehenden Klinik-Eintritt formulieren und von den Erfahrungen der anderen (wie sich herausstellte war eine Person bereits auf der gleichen Station gewesen) profitieren.

▶ **Der grüne Weg** Ein zeitweise etwas impulsiver Jugendlicher berichtet folgende Schwierigkeit: er fühlt sich, es ist März, von seinem IV-Berater unter Druck gesetzt, weil er per Sommer eine Ausbildungsstelle finden sollte, sich dazu aber nicht in der Lage sieht. Er leidet seit langem unter Schlafstörungen, erlebt sich oft als «depressiv» (er meint damit müde und antriebslos), realisiert, dass er mehr Zeit braucht, um, wenn überhaupt eine Ausbildung in Angriff nehmen zu können. Das Gespräch mit dem IV-Berater hat ihn aber in Rage versetzt: «Dann setze ich jetzt extra alles daran, dass ich etwas finde, egal wie es mir dabei geht. Oder ich breche einfach die Arbeitsintegration ab.» Er formuliert so eine Lösung, in der er sich wieder als handlungsfähig und nicht einfach fremdbestimmt erleben kann, allerdings ohne Rücksicht auf Verluste.

Konflikte mit Vertretenden der geldgebenden Stellen sind ein häufiges Thema, sodass er sich des Verständnisses der Gruppe sicher sein kann. Weil in der Gruppe aber auch ein paar ältere Teilnehmende dabei sind, können sie ihn etwas bremsen, im Sinne von: «überleg mal, was Du wirklich tun willst! Es nützt ja nichts, wenn Du abbrichst oder etwas versuchen willst, für das Dir die Energie sowieso fehlt».

Weil deutlich ist, dass ihn sein Erleben im Moment zu überwältigen droht, greift der Gruppenleiter zu einer Externalisierung und stellt dem Jugendlichen einen blauen und einen gelben Hocker (welche im Raum verfügbar sind) hin, auf die er beide schauen kann. Sie symbolisieren seine beiden Bestrebungen, entweder Folge zu leisten ohne Rücksicht auf seine eigene Befindlichkeit oder aber seine Autonomie durch Abbruch des Programms zu wahren. Es ist für ihn erleichternd, aber auch schwierig auszuhalten, sein Dilemma vor sich zu sehen. Und vor allem, welchen Weg soll er jetzt gehen? Den blauen oder den gelben? Vor- und Nachteile werden in der Gruppe besprochen, und er erkennt, beide Wege sind insofern ungünstig, als der Preis dafür zu hoch wäre. «Und jetzt, was willst Du tun?»

Da findet er spontan für sich eine Metapher: er braucht einen «grünen» Weg (gelb und blau als Farben gemischt ergeben grün). Er entwickelt also das Bild eines Mittelweges, was die Gruppe spontan mit Anerkennung quittiert. Noch keine konkrete Lösung, aber doch eine Vorstellung davon, wie sich sein Problem angehen lässt.

«Der grüne Weg» wird zur Metapher in der Gruppe, auf die auch die anderen später zurückgreifen.

▶ **Schweigen als Coping-Strategie?** Nachdem einige Gruppenstunden zuvor eine Teilnehmerin aktiv ein sie beschäftigendes Problem eingebracht hatte, welches auch von allen mit Interesse besprochen wurde, fällt zunehmend auf, dass in der Gruppe nach der Eingangsrunde mit Blick auf die Möglichkeit, ebenfalls ein Thema einzubringen, Schweigen herrscht. Die Gruppe kennt sich in dieser Zusammensetzung mehrheitlich schon eine geraume Zeit mit Ausnahme von zwei kürzlich hinzugestossenen Teilnehmenden.

Eine Teilnehmende schlägt vor, nach draussen zu gehen und einen Waldspaziergang zu machen, wie das einmalig vor Weihnachten des vergangenen Jahres stattgefunden hatte, als die Gruppe nicht mehr motiviert wirkte.

Eine andere Teilnehmende verweist darauf, dass Reden auch guttun kann, und eine weitere kommentiert, «es ist schon komisch, wir sind zum Reden hier, aber niemand tut es!». «Wir haben wohl alle Angst», meinte eine weitere Teilnehmende, und: «wir stehen ja noch ganz am Anfang...!»

Wir einigen uns in der Folge, das aktuelle Schweigen und die möglichen Gründe dafür zum heutigen Gruppen-Thema machen. Damit sie zuerst eben nicht darüber sprechen müssen, stellt der Gruppenleiter Zettel und Stifte zur Verfügung, auf welche die Teilnehmenden ihre persönlichen Gründe, weswegen sie lieber geschwiegen haben, notieren können. Diese Zettel werden dann in einen von einem Seil abgegrenzten Kreis in die Mitte unserer Sitzrunde gelegt. Alle lesen dann ihre Gründe für ihr Schweigen vor. Es tauchen nun diverse Ängste und Befürchtungen auf:

- vor Beschämung (in eine peinliche Situation zu geraten)
- dass im Anschluss an Erzählungen sofort ein sich Hinterfragen beginnt, wie die anderen einen wahrgenommen haben, in Erwartung von Kritik
- dass Unangenehmes auftauchen könnte
- Grenzen anderer zu überschreiten
- durch eigene Erzählungen andere zu triggern
- auftauchen von Selbstabwertungen, Erleben von Nicht-Genügen
- nicht wichtig genug zu sein
- abgelehnt zu werden
- uninteressant zu sein
- anderen den Platz wegzunehmen, die es nötiger haben
- gar nicht zu wissen, was und wie man von sich erzählen könnte

Es wird klar, dass alle gute Gründe haben, sich nicht zu äussern. Diese Gründe werden nun explizit als Bewältigungsversuche anerkannt und gewürdigt, insbesondere, weil die Gruppe bereits selber gemerkt hat, was mit Schweigen verhindert wird. Die Gruppe hilft am Schluss der Sitzung freiwillig beim Aufräumen mit.

Als Anmerkung: Hier widerspiegeln sich vermutlich die fehlenden Erfahrungen von Geborgenheit und Vertrauen, bzw. es zeigen sich die daraus resultierenden Beeinträchtigungen im sozialen Miteinander.

6.6 Anmerkungen zum Leiten einer Gruppe mit komplex belasteten Jugendlichen und jungen Erwachsenen

6.6.1 Haltung

Es braucht ein *genuines Interesse* an diesen Jugendlichen und jungen Erwachsenen, eine *Freude an ihrem Entwicklungsalter* und eine *authentische Bereitschaft*, sich auf sie ein- und sich von ihnen herausfordern zu lassen, auch wenn die Aussicht auf Erfolg wenig sicher scheint.

▶ Nützlich ist sicher auch eine gewisse Unerschütterlichkeit im Vertrauen auf die in der Adoleszenz auf Entwicklung drängenden Kräfte und dem damit verbundenen Entwicklungspotenzial, für deren Entfaltung sich eine Gruppe in diesem Alter bestens eignet.

Ich teile die Haltung, dass Psychotherapeut:innen gegenüber diesen in der Regel recht auf sich gestellten Jugendlichen und jungen Erwachsenen eine Art «Übergangselternrolle» anzunehmen bereit sein sollten, dabei aber selbstverständlich die Generationengrenzen zu wahren haben und sich über die Rolle als erwachsenes Vorbild im Klaren sind. Es geht darum, diese Jugendlichen und jungen Erwachsenen dabei zu unterstützen, Verantwortung für sich zu übernehmen.

6.6.2 Vorgespräche: Realistische Zielsetzungen überlegen und potenziell schwierige Situationen antizipieren

Im Laufe der Projektpraxis haben sich Vorgespräche mit interessierten Jugendlichen und jungen Erwachsenen als nützlich etabliert. Dabei werden realistische, gruppenbezogene Zielsetzungen und deren Nutzen im Hinblick auf die Arbeitsintegration besprochen. Beispielsweise: «Wenn es mir besser gelingt, mich in Gruppensituationen zu äussern, habe ich bessere Chancen, mir auch an einer Arbeitsstelle Gehör zu verschaffen». Auch schwierige Vorerfahrungen in Gruppen und der Umgang damit sind Thema. So können gegebenenfalls auch Kontraindikationen erkannt werden.

▶ Es ist wichtig zu klären, welche Zielsetzungen sie in ihrem Leben verfolgen, welche Entwicklungsschritte sie während des Brückenangebotes im Hinblick auf die Arbeitsintegration anstreben und was eine Teilnahme an der Gruppe dazu beitragen kann.

6.6.3 Aufgaben, die den Rahmen betreffen

- *den Raum vorbereiten,*
- *für einen klaren zeitlichen Rahmen mit pünktlichem Beginn und Ende sorgen*
- *den Ablauf der Gruppenstunde zeitlich moderieren*
- *Organisatorisches rechtzeitig klären* (z. B. Abwesenheiten wg. Schnuppern, Ferien, Dauer des Verbleibs in der Gruppe etc.)

6.6.4 Aufgaben, die das Gruppenklima betreffen

- *für eine «mittlere Betriebstemperatur» sorgen*, bspw. zu Beginn von Gruppenstunden typisch adoleszentes Geplauder untereinander Richtung mehr Ernsthaftigkeit steuern, zugleich darauf achten, dass vor lauter Ernst das Lachen nicht verloren geht
- generell *Sicherheit und eine vertrauensvolle Atmosphäre schaffen*
- *den Austausch untereinander fördern*, spontane Kommentare und Diskussionen weder einfach unterbinden noch ausufern lassen
- *Partizipation fördern*, zum Beispiel die Spielregeln neuen Teilnehmenden durch diejenigen, die schon länger dabei sind, erklären lassen, und Wahlmöglichkeiten schaffen, wie ein Thema angegangen werden kann (Rollenspiel statt verbaler Austausch o.ä.)

6.6.5 Inhaltliche Schwerpunkte

- *Subjektive Perspektiven so präzise wie möglich zu erfassen versuchen*: Sich dabei auch rückversichern, Teilnehmende darum bitten, ihr Erleben in eigenen Worten und Bildern auszudrücken. Oft formulieren Teilnehmende in der Eingangsrunde, es gehe ihnen «gut». Was heisst das für sie? Eine Teilnehmende formulierte im Anschluss an diese Frage, «gut» heisse für sie, wenn es ihr gelingt, überhaupt ins Arbeitsintegrationsprogramm zu kommen, statt zuhause zu bleiben. Was heisst «gut» für die anderen Teilnehmenden? Durch diese Präzisierungen, die einer gewissen Anstrengung bedürfen, wird inneres Erleben, werden Gründe für mögliches Verhalten ersichtlich. Es geht darum, Handlungsurheberschaft (Rossouw et al., 2021) entzifferbar zu machen. Gemeinsamkeiten *und* Differenzen im Erleben der Teilnehmenden können in der Folge erforscht und diskutiert werden. Dadurch wird eine Kultur des Austausches gefördert, der auf Zuhören und Verstehen wollen basiert. Solche Erfahrungen sind oft Neuland für die Teilnehmenden. Sie sind es sich nicht gewohnt oder haben die Erfahrung gemacht, dass ihr Erleben nicht ernst genommen wurde (und oft noch wird). Auf diesen Grundlagen können mögliche psychische Wirkzusammenhänge überhaupt erst erahnt werden, etwa, dass Energielosigkeit mit einer bisher ausgebliebenen Antwort in einem Bewerbungsprozess zu tun haben und nicht nur durch «das Wetter» erklärt werden könnte.

- *Hilfe beim Erzählen und Nachfragen*: Oft ist es für Teilnehmende keine Selbstverständlichkeit, sich einigermassen kohärent auszudrücken, eine Situation zu beschreiben, begleitende Gedanken und Gefühle zu äussern. Sie brauchen Hilfe, sinnvollerweise angeregt durch Nachfragen der anderen Teilnehmenden, um sich verständlich ausdrücken zu lernen.
- *Perspektivenwechsel ermöglichen*: Erst wenn es gelungen ist, dass sich Teilnehmende in ihrer Subjektivität verstanden, anerkannt und in ihrer Handlungsurheberschaft gesehen fühlen, entsteht die Möglichkeit, *andere Perspektiven* auf ein bestimmtes Problem sehen und verstehen zu können. Aufgabe der Leitung ist es, alternative Perspektiven in der Gruppe aktiv zu erfragen.
- *Dysfunktionale Bewältigungsstrategien als Versuche, ein Problem zu lösen, anerkennen und den «Preis» benennen, der damit einhergeht*: Ein Teilnehmer erzählt, dass er aus Angst, wieder eine Mahnung oder eine Ablehnung zu bekommen, Post ungeöffnet lässt. Er versucht sich also vor einer schmerzlichen Erfahrung zu schützen, zahlt aber einen hohen Preis dafür, beispielsweise, dass er gegebenenfalls betrieben wird.
- *Gelingende Bewältigungsversuche hervorheben*. Weil Erfahrungen zu scheitern bei dieser Klientel häufig sind, ist es umso wichtiger, Gelingendes hervorzuheben. Beispiele: Eine Teilnehmende erzählt in der Eingangsrunde, dass sie nach einem Tag im Brückenangebot so müde gewesen war, dass sie nicht wie sonst üblich in den Stall zu ihrem Pferd gegangen war, sondern sich zuerst zuhause ausgeruht hatte. Das hatte ihr gutgetan und sie hatte sich abends wieder motivieren können, in den Stall zu gehen. Sie nutzte in der Folge diese Erfahrung und legt seither generell zwischen der Arbeit und Stall eine Pause ein. Der Gruppenleiter wies unterstreichend darauf hin, dass sie aus der ursprünglichen Not eine Tugend gemacht hat. Eine andere Teilnehmende erzählt erstmals auf eine innerlich beteiligte Weise, dass es ihr bei einem Probe-Schnuppern für eine Stelle zwar in vielerlei Hinsicht gut gefallen hatte, es aber auch andere Erfahrungen gab, welche dazu führten, dass sie ihre Bewerbung zurückziehen wollte.

Sie hatte ihr Ziel, in der Gruppe lernen zu können, sich weder von Gefühlen zu sehr überwältigen zu lassen noch eine Fassade gegen aussen zu zeigen, just in diesem Moment erreicht, als sie auf eine kohärente und spürbare Weise von ihrem Erleben erzählen konnte, was als eine ihr gelungene Leistung gewürdigt wird.

- *Eigenaktivität und Ausprobieren fördern*: Es ist wichtig, Teilnehmende aktiv zu ermuntern, etwas auszuprobieren, um konkrete neue Erfahrungen überhaupt machen zu können, gerade bei denjenigen, die eine (allzu) vermeidende Haltung einzunehmen gelernt haben, um Beschämung im Dienste der Selbstachtung zu vermeiden.
- *Aggression als fundamentale, überlebenswichtige Kraft hervorheben*, um Probleme überhaupt anzupacken, um auf andere zuzugehen und um sich wehren zu können. Hier haben Gruppenleitende Vorbildfunktion, indem sie beispielsweise bestimmt auf Gruppenregeln verweisen bzw. dafür sorgen, dass diese eingehalten werden.
- *Handlungsoptionen entwerfen, Entscheidungen fällen helfen und die Umsetzung planen*: Dafür sorgen, dass das, was jemand angesichts eines Problems tun will, nachdem es in der Gruppe besprochen wurde, klar wird, also eine Handlungsoption und deren Umsetzung vereinbart wird, was in der darauffolgenden Sitzung erneut aufgegriffen werden kann.
- *Mögliches im Blick behalten*: Oft geht es um kleine, machbare Schritte, zum Beispiel den Vorsatz umzusetzen, nun doch endlich einmal die Haare wieder zu waschen oder eine E-Mail für eine Bewerbung zu schreiben. Beispiel: Eine Teilnehmerin erzählte, wie müde sie ist. Die Möglichkeit, in einer Papeterie schnuppern zu können, hatte sich zerschlagen. Sie will heute nur zuhören. Als es dann aber um Interessen geht und sie davon erzählt, wie gerne sie eigentlich zeichne, da wird sie für alle spürbar lebendig, was als bemerkenswert angesichts ihrer initialen Befindlichkeit hervorgehoben wird.
- *Gruppendynamische Prozesse im Blick behalten*: Subgruppenbildungen und mögliche typische Rollen oder latente Konflikte untereinander aktiv ansprechen, wertfrei erforschen und auf eine spielerische Ebene zu bringen versuchen, um sie bewältigen zu können.

6.7 Schlussbemerkungen: Zeugenschaft und Respekt

Zum Schluss möchte ich das Feld der psychotherapeutischen Arbeit mit komplex belasteten Jugendlichen und jungen Erwachsenen in einem nicht-klinischen Setting durch einige Gedanken «out of the box» abrunden. Mir scheint, dass ein wesentlicher Aspekt der Arbeit mit ihnen darin besteht, dass sie die fundamental wichtige zwischenmenschliche Erfahrung machen können, *gehört und respektiert* zu werden. Indem wir sie ermutigen, von sich zu erzählen, werden wir Zeugen leidvoller Erfahrungen, die sorgsam zu behandeln sind. Allzu oft haben sie in ihren noch jungen Leben Erfahrung von Missachtung, Zurückweisung, Verlust oder Gewalt gemacht, sodass eine Öffnung anderen aber auch sich selbst gegenüber nicht als Selbstverständlichkeit zu betrachten ist. Dies braucht Zeit und schliesst nebst der Möglichkeit, neue, günstigere zwischenmenschliche Erfahrungen machen zu können, auch das Erleben von psychischem Schmerz und Trauer über Geschehenes mit ein. Gerade als Fachpersonen haben wir uns darüber im Klaren zu sein, um jenseits von wohlmeinenden Ratschlägen und nicht passend angewendetem Fachwissen effektiv und hilfreich sein zu können.

Literatur

Barwinski R. (Hrsg.). (2011). *Erwerbslosigkeit als traumatische Erfahrung* (S. 19–38). Asanger.

Bischof, N. (2020). *Das Kraftfeld der Mythen* (S. 493–498). Psychosozial-Verlag.

Blos, P. (1973). *Adoleszenz. Eine psychoanalytische Interpretation* (S. 244–257). Klett-Cotta.

Erikson, E. (1981). *Jugend und Krise. Die Psychodynamik im sozialen Wandel*. Ullstein.

Fend, H. (1998). *Eltern und Freunde. Soziale Entwicklung im Jugendalter* (S. 237–251). Huber.

Haubl, R. (2018). Der institutionelle und organisatorische Kontext von Gruppen am Beispiel stationärer Gruppenpsychotherapie. In B. Strauss & D. Mattke (Hrsg.), *Gruppenpsychotherapie. Lehrbuch für die Praxis* (S. 99–107). Springer.

Jenni, O. (2021). *Die kindliche Entwicklung verstehen. Praxiswissen über Phasen und Störungen* (S. 355–356). Springer.

Leszcz, M., & Kobos, J. (2017). Wie wissenschaftliche Evidenz praktisch genutzt werden kann: Gruppenpsychotherapie und die «Leitlinien für die klinische Praxis» der American Group Psychotherapy Association (AGPA). In B. Strauss & D. Mattke (Hrsg.), *Gruppenpsychotherapie. Lehrbuch für die Praxis* (S. 211–224). Springer.

Marcia, J. E. (1980). Identity in adolescence. In J. Adelson (Hrsg.), *Handbook of adolescent psychology* (S. 159–187). Wiley.

Rossouw, T., et al. (2021). *Mentalization-based treatment for adolescents. A practical treatment guide* (S. 43–56). Routledge.

Salge, H. (2017). *Analytische Psychotherapie zwischen 18 und 25. Besonderheiten in der Behandlung von Spätadoleszenten* (S. 17–62). Springer.

Strauss, B. (2022). *Gruppenpsychotherapie. Grundlagen und integrative Konzepte*. Kohlhammer.

Strauss, B., & Burlingame, G. (2018). Gruppenpsychotherapieforschung und Wirksamkeitsnachweise von Gruppenbehandlungen. In B. Strauss & D. Mattke (Hrsg.), *Gruppenpsychotherapie. Lehrbuch für die Praxis* (S. 191–210). Springer.

Strauss, B., & Mattke, D. (Hrsg.). (2018). *Gruppenpsychotherapie. Lehrbuch für die Praxis*. Springer.

Vorrath, H., & Brendtro, L. (2013). *Positive peer culture* (2. Aufl.). Aldine.

Wagner, C., & Ingersoll, C. (Hrsg.). (2013). *Motivational interviewing in groups* (S. 4–12). The Guildford Press.

Zimmermann, D. (2017). *Traumatisierte Kinder und Jugendliche im Unterricht. Ein Praxisleitfaden für Lehrerinnen und Lehrer* (S. 57–77). Beltz.

Lic. phil. Aurel Beck ist eidgenössisch anerkannter Psychotherapeut und arbeitet als klinischer Psychologe am Kinder- und Jugendpsychiatrischen Dienst der Spitäler Schaffhausen und in eigener Praxis in Zürich. Ein Schwerpunkt seiner Tätigkeit sind Therapien von Jugendlichen und jungen Erwachsenen. Er hat für das Forschungsprojekt «inklusiv plus» der Zürcher Hochschule für Angewandte Wissenschaften ZHAW die therapeutische Leitung übernommen.

MIX
Papier aus verantwortungsvollen Quellen
Paper from responsible sources
FSC® C105338

If you have any concerns about our products,
you can contact us on
ProductSafety@springernature.com

In case Publisher is established outside the EU,
the EU authorized representative is:
**Springer Nature Customer Service Center GmbH
Europaplatz 3, 69115 Heidelberg, Germany**

Printed by Libri Plureos GmbH
in Hamburg, Germany